U0481498

武林舊事

江南锡器博物馆宋韵文化特展图录

陈建明　主编

浙江古籍出版社

Zhejiang Ancient Books Publishing House

《武林旧事：江南锡器博物馆宋韵文化特展图录》编委会

主　编　陈建明

编　委　龚　剑　李　磊　陈　中

　　　　方肖鸣　李　波　杨　勇

　　　　葛龙飞　郭海勇　胡海清

　　　　梁　慕　旷柏合

摄　影　李永加

拓　片　章百川

前　言

陈建明

　　在中华文明的演进过程中，两宋是一个伟大的时代，政治开明、文化繁荣、经济发达、科技先进、军事强悍，是中国历史发展的一个高峰。政治方面，宋太祖立国之初，即在太庙刻下"不得杀士大夫及上书言事人。子孙有渝此誓者，天必殛之"的祖训。这是中国古代史上最为开明的政治决策，宋朝无论世家子弟还是寒门书生，学而优者，机会均等，皆可出将入仕，庙堂为官。这给了底层巨大的上升空间。朝堂之上，为国家社稷，君臣可以争辩激烈，包拯慷慨陈词唾沫横飞，宋仁宗也只能频频以绢拭脸。"先天下之忧而忧，后天下之乐而乐"的文人士大夫精神，由此确立。以王安石为首的改革派和以司马光为首的保守派轮流主政近百年，形成比较成熟的政党政治，这在世界史上都是奇迹。王安石、欧阳修、司马光、苏东坡虽政见不同有斗争，但绝不搞肉体消灭。给予欧阳修评价最高的，是他的政敌王安石，那是一个君子的时代。唐宋八大家中宋朝出了六家，这就是宽松政治结出的硕果。宋朝对文人的重视，带动了教育的高度发达。宋朝鼓励办学，除了京师有太学、国子学等，宋徽宗时全国由官府负担食宿的州县学生，达十五六万之多。民间私人讲学蓬勃发展，以岳麓书院、应天书院等四大书院为代表。教育的普及是宋代文化取得巨大成就的重要原因。

　　经济方面，因陆地商路被北方少数民族政权阻断，催生了海上丝绸之路贸易的兴盛，带动了耕作、水利、丝绸、瓷器、造船、航海等先进技术的不断开发，生产力得到巨大解放。从泉州、广州等港口出发的庞大商业船队，频繁远航至日本、东南亚、阿拉伯、印度、东非等地区，把生意做到了全世界。转运使司、市舶司等机构，为国家带来巨额的税收财富。城市工商业飞速成长，民间财富迅速增加。北宋汴京与南宋临安，更成为人口超百万的世界名城。英国著名学者李约瑟说宋代是中国科技的黄金时代。火药、活字印刷的发明，改变了世界文明的发展进程。依靠当时先进的军事制度"募兵制"，宋朝的军事力量也非常强悍，火药已作为武器运用于战场。宋朝虽然抑武重文，但军队对于国家的忠诚和将领们忠君爱国的思想从未动摇。无论杨业、李纲、范仲淹还是岳飞、王坚、辛弃疾，他们不惜流血牺牲捍卫国家和民族利益，他们的爱国精神，成为后世楷模，流芳千古。

本次展览共分三个单元：第一个单元"文以治国"。通过展示宋代文人的文房用具，还原宋代科举教育、礼乐文治。

第二单元"武能安邦"。通过对宋、辽、金、元冷热兵器的展示，还原当时宋与北方辽、金真实的军事态势，以及大宋军人们保家卫国、奋勇杀敌的精神。

第三单元"都市繁华"。通过瓷器、金银器等各类丰富的杂项文物，展示宋代，特别是杭州"市列珠玑，户盈罗绮"，诗、酒、香、茶的人间烟火。

江南锡器博物馆举办这次宋韵特展，力图用两百多件文物，以点带面，真实还原两宋特别是南宋的历史文化、中外交流、工艺审美和宝贵的人文精神。国学大师陈寅恪说："华夏民族之文化，历数千载之演进，造极于赵宋之世，后渐衰微，终必复振。"以史为鉴，可以知兴替。以宋韵文化助力中华民族伟大复兴，正当时也。

序

黄亚洲

不能不说几句江南锡器博物馆。就杭州而言，这座博物馆是相当有历史厚度与时代温度的。

也不能不说几句江南锡器博物馆所操办的宋韵文化特展"武林旧事"。这个特展为杭州的历史精致做了十分生动的注解。

宋高宗赵构离开建康，是在880多年前，于是江南水城杭州在公元1138年一跃而为首都，凡152年，"市列珠玑，户盈罗绮"，发展的迅速令人惊叹，其大气包容、刚柔相济而又不失风雅的城市品格，也令天下神魂颠倒，使这个国际一流大都市一时尽享"人间天堂"之誉。

目前，杭州正在努力发掘"宋韵文化"，争取更多地向世人呈现宋时的生活韵律与雅趣，以启迪当代。这当然是一项很有意思的工作，而在这项工作中，城市博物馆文化建设自然是一个相当重要的方面。

我们都知道，博物馆是一座城市的月光宝盒和灵魂客厅，能让人一眼千年，从中寻觅心灵慰藉和文化依靠。我这里就要说到江南锡器博物馆了。在杭州的博物馆队列里，这座2014年就被杭州市园林文物局评为"杭州市优秀民办博物馆"的非国有博物馆，自有其独特的光彩。

这座博物馆刚落成之时，我就饶有兴趣地参观过，而且还在这座博物馆里参与过一次热烈的文化论坛活动，也因此，结识了生性热情的馆长陈建明先生。

陈建明馆长从事青铜、佛像、杂项收藏研究30余年，是国内著名的文物收藏鉴赏家，常年在中央电视台一套"寻宝"栏目、河南卫视"华豫之门"、陕西卫视"华山论鉴"等大型文化收藏类节目中，担任文物鉴定专家，在鉴定真伪方面具有相当造诣。他还是浙江省文物鉴定委员会委员，也是国家文化和旅游部文化艺术人才中心的特聘授课专家。而现在，我不能不认为，作为一家非国有博物馆的掌门人，他在我们杭州努力呈现宋韵文化的工作中，做出了一个小小的石破天惊之举：以一己之力，举办了一场名为"武林旧事"的极有特色的"宋韵文化特展"！

他与他的精美的锡器，又一次盛满了精致的西湖之水、运河之水与钱塘之水，端在世人面前！

这个宋韵文化特展征集、展出的200多件宋代文物，应该说，无论是品种、品质，还是在延展的文化解读方面，都不输于国有的专业博物馆展陈，到现场一看就明白了，人人都呼惊艳，都觉大饱眼福，这也足见民间的藏龙卧虎，也足见杭州上城区对江南锡器博物馆这样优秀的非国有博物馆的支持，已经结出了丰硕的成果。

确实，一个国家、一座城市，并不只有大型国有博物馆才光焰闪烁，那些散布在城市各个角落的与民众生活、民俗文化息息相关的各类小型非国有博物馆，也像一盏盏路灯，真实照亮着一座城市的历史长河。有时候，在某些方面，你会更感受其专业性。

要感谢陈建明馆长与他的江南锡器博物馆，为我们捧出了这册极其精美的宋韵文化特展图录《武林旧事》，让我们在历史的银灰、黄褐、紫黑、紫灰、黑褐这些迷人而厚重的光泽中，再度相遇于水光潋滟、山色空蒙的"人间天堂"，锡是这个天堂里不可缺少的器皿。

我们很有幸，在这样的器皿里遇到了艺术，在这样的艺术里相遇了杭州；也很有幸，在宋韵的气息里，握着了陈馆长向我们伸来的热乎乎的大手。

这只手，就像一把泡着热乎乎、香喷喷龙井的精美锡壶，厚实、纯粹、健康，值得端着。

（序言作者为中国电影文学学会副会长、中国作家协会影视委员会副主任、《诗刊》编委。曾任第八届全国人大代表、中共十六大代表、第六届中国作家协会副主席、第六届浙江省作家协会主席兼党组书记，鲁迅文学奖得主。）

目 录

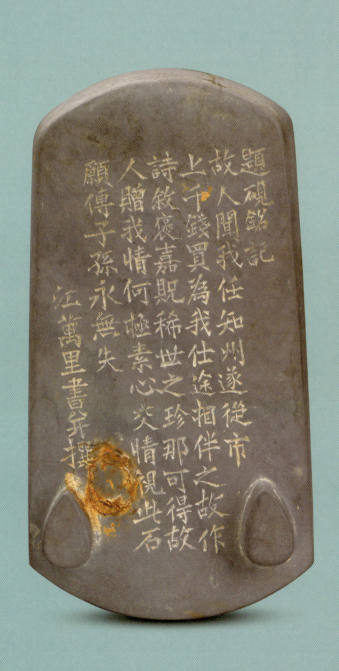

文以治国

有感于自唐安史之乱以来直到五代，兵变引起的政权更迭已成为一道无解难题；得益于兵变而上位的宋朝开国皇帝赵匡胤知道，如不改变这种局面，他辛苦建立的大宋，也会成为像五代十国一样的短命王朝。靠杯酒释兵权无法从根本上解决问题，如果不想成为历史的过眼烟云，必须建立一套有效的制度。他通过推行一系列抑武扬文的措施，从政治、军事、财政各方面加强君主专制，推出了文人治国的政策。他曾说五代时武人把百姓害苦了，现在找百十来个文人管理天下，这些读书人再混账，造成的损害也比武人轻。并告诫手下大臣"今之武臣，亦当使其读经书，欲其知为治之道也"。作为一代开国帝王，他明白武力虽可以夺取天下，但文治，才能迎来国泰民安的太平盛世。为此，他在国家重要岗位上起用了一大批文臣官僚，并一再强调"宰相须用读书人"，使整个社会形成了崇文好学的风气。整个宋朝一代，文人的地位达到了中国古代历史上从未有过的高度。这样宽松的政治氛围，使宋成了一个群星荟萃的朝代，涌现了欧阳修、范仲淹、王安石、苏东坡、朱熹、陆游、李清照、辛弃疾、文天祥等一大批在中国乃至世界历史上，都光彩夺目的文化名人。

当时文人士大夫不仅把自己当作政治主体，以天下为己任，还自觉将自己视为文化主体，即使在朝为官，也并不以追逐财富名利为终极目标。宋代官员喜爱字画，善于诗词，热衷收藏先秦古物。宋朝审美艺术和文化相辅相成，审美极高，文化先进。

宋朝繁荣的商业经济，也为文化消费奠定了坚实基础，促进了文化消费的蓬勃发展。文化娱乐已渗透到宋人的日常生活中。文人是都市生活方式的代表，他们的休闲娱乐方式往往能引领大众潮流。比如宋代的点茶之风，正是从士大夫阶层走向百姓，逐渐成为一种上自宫廷下至民间、全民皆好的生活方式。抚琴、调香、观画、弈棋、烹茶、饮酒、赋诗、填词、赏花……这份"雅"构成了宋人生活的日常。

宋代是中国封建社会的一个转折点，宋代的文化、政治制度、经济活动对于后世产生了深远影响。宋人的审美及文化也在世界历史上留下了五彩斑斓的一页，为我们留下了宝贵的遗产。

宋代黑白瓷象棋一副

棋子直径2.3厘米

　　象棋为黑白两色瓷土烧制而成，每颗棋子圆形，均有刻字，阴刻阳工，分别为将（2枚）、士（4枚）、象（4枚）、马（4枚）、车（4枚）、炮（4枚）、卒（10枚），共32枚，保存完好，与现代象棋相比，无帅、兵。现代的象棋形式，即是宋代制定的。宋代理学家程颢有诗："大都博弈皆戏剧，象戏翻能学用兵。车马尚存周战法，偏神兼备汉官名。中军八面将军重，河外尖斜步卒轻。却凭纹楸聊自笑，雄如刘项亦闲争。"宋代是象棋广泛流行，形制大变革的时代。北宋时期，先后有司马光的《七国象戏》，尹洙的《象戏格》《棋势》，晁补之的《广象戏图》等著述问世，民间还流行"大象戏"。

宋代竹子镶嵌金花卉纹笛子

长38.5厘米

　　笛为竹质，直管状，开八孔于一排，首尾两端包金，并錾刻一周花卉纹饰，保存状态良好。宋代是我国古代音乐发展史上的一个重要时期。它上承唐朝，经历了长期动乱的五代十国，在建立政权以后，大兴文官制度，重文抑武，为艺术文化的发展提供了适宜的平台。宋初宫廷乐器的应用中已经出现由庄重华丽的金石之乐逐渐转变为轻盈秀美的弦管之乐的趋势。笛逐渐流行于宋代各种音乐艺术形式的演奏和伴奏中，并趋于占据其中的主导地位，最终成为宋代音乐艺术的中流砥柱。南宋耐得翁《都城纪胜》中"诸行"词条中有"候潮门顾四笛，大瓦子丘家筚篥之类"。

宋代竹子包金毛笔一对

长19厘米

此笔为竹管制成，细长圆柱形，带笔帽，笔帽首尾两端均有一圈包金，体现宋人对笔管装饰的重视。笔在文房四宝中位居首位，历来受到书画名家重视，迄今发现最早的毛笔为春秋战国时期的楚笔，同时期还有声名显赫的秦笔。战国时期，笔取多名，有"聿""不律""弗"之称。秦始皇时，方称为"笔"。西汉扬子云有言："孰有书不由笔。"古来更是有"笔砚精良，人生一乐"之说。宋代毛笔能够保存至今的极其稀少。（参见：常州博物馆宋代毛笔）

宋代玉笔架

长8厘米、高3.5厘米

笔架用青白玉琢制，上端大小错落，共有四峰，正面有纵向碾琢的山峰纹理，整体扁半圆形，包浆厚润。宋代笔架出土和传世品较多，材质也多样化，玉质笔架也在宋代出现并流行，宋周密《云烟过眼录》载有"古玉笔格"，考古发掘还有瓷笔格、水晶笔格及各类石笔格等。

宋代玉山子

长7厘米，高5厘米

　　山子采用青玉仿照山峰形雕琢而成，共有四峰，玉质采用提油工艺染色，呈现出山峰自然的阴阳视角。提油始于宋代的临古皮色工艺，选甘肃一带的虹光草，捣碎成汁液，加入少许瑙砂搅拌均匀，将玉器放入其中，使用新鲜的竹枝慢慢烘烤染色，可摹仿商周战汉之沁色。在宋代，提油是一种追求审美的艺术行为。

宋代铜山子摆件

高8.5厘米

　　山子为青铜铸造，以模仿天然赏石之效，随形而成，原配四方铜座，为陈设观赏之品。山子姿态沧桑遒劲，神清骨冷，无尘俗之鄙，似奇曲陆离之山石，又似丰茂苍劲之古树，石表凹凸布满纹理，体态嶙峋，表面裹有厚重锈状皮壳，古拙峻峭，造型独特，构思巧妙，形象生动。中国古代文人阶层一直坚守着对经典传统的精神境界的追求，他们向往道法自然、天人合一、格物致知与自得其乐。他们常将一木、一石视作自然之中千峰百川。故而奇石、供石为历代文人雅士争相推颂追慕。

宋代汉白石卧牛摆件

长17厘米，宽9厘米，高6.5厘米

　　摆件为汉白石质，雕琢成卧牛状，趴伏姿态，蜷缩一团，双目圆睁有神，双耳精巧，四腿屈于身下，作伏地小憩状。脊背骨骼清晰可见，尾巴以细长的阴线刻划，自然贴于牛后身，底部平整的设计传承了中古时期圆雕动物形象塑造手法。虽然素身而不琢纹饰，但牛之身体肌理明显，神态刻画生动，形象温顺憨实，给人以安详之感。此卧牛造型端庄中也不失灵动，形体结构简洁到位，各个细节均一丝不苟，造型写实，自然传神，貌相高古；虽是小品，却刻画娴熟，造型耐人寻味。中国长期处于农耕时代，农耕中牛扮演着最为主要的角色，因此古人对于牛有着特殊的感情。而牛温顺、勤劳的品性，也一直被古人加以褒扬。书房中的许多小摆件，古代文人雅士大都会顺手拿来做镇纸用。镇纸是文房中的精巧点缀，主要是用于压纸。人们用毛笔写字，会拖动宣纸，所以要用镇纸压角，防止纸张移动。"镇"之一物，镇不平、压邪肆。君子行端坐正，不乱于形，于是心无杂念，宁静致远。南北朝时期，镇纸就已经成为文房四宝之外的书房必备。分量压手而玲珑小巧，只占书案方寸之地。镇纸除了压纸张，还有两个功能：一是镇宅避邪，置放案头，有祥瑞之气；二是镇纸做工考究，工艺精美，陈放案头，可怡情悦目，为书房增添书卷气。在宋代镇纸使用普遍，造型多变，质地多样。明代高濂在《遵生八笺》中讲到，宋代镇纸材质有玉、水晶、金属等，因其压书的效果好，在当时已成为重要的实用器具。

宋代鼓形铜镇一对

直径4.5厘米，高3.5厘米

　　镇为青铜质，呈鼓凳形，以早期青铜鼓为范本渡化而来，上下两面平素无痕，整体饱满浑圆，铜锈厚重，呈相老道，古意自来。

宋代仿石鼓镂空铜镇纸一对

直径3.9厘米，高3.7厘米

镇纸为铜质，作石鼓形，铸造后镂雕缠枝花卉纹，成对保存，尤为难得。

宋代天禄铜砚滴

长14.5厘米，高12厘米

　　砚滴铸成站立瑞兽状，为宋代仿汉风格文房器，猪鼻、方嘴、短耳等特征均与汉代石雕瑞兽相似。瑞兽背部开有注水孔，身体中空，内部盛水，嘴部为流，齿露，身雕刻飞翼，尾尖垂直向下，瑞兽腿足强健有力，造型饱满，整体形象生动，色泽深沉，坚硬光亮，颇为传神。稍加倾斜，腔内储水便由瑞兽口中流出，可供研墨之用。整器铸造精湛，造型虽出臆想，神态动作却得写实之妙。皮色高古，置之案头清赏，古意清悠。

　　关于水滴来源，南宋赵希鹄《洞天清录》说："古人无水滴，晨起则磨墨，汁盈砚池，以供一日用，墨尽复磨，故有水盂。"而传世或出土的水滴实物，则至少可以上溯汉代。早期砚滴多以铜质为主，并且大部分为动物或传说中的瑞兽造型，有麒麟、蟾蜍、天禄、鱼、龟、天鸡、狮、象等形态。三国孟康注《汉书》中有"一角者或为天禄，两角者或为辟邪"之说，观此瑞兽额顶生肉角一，当为天禄，是汉晋时结合西域贡狮发明并盛行的瑞兽形象。

宋代端石羊形镇纸

长8.7厘米，高4.5厘米

镇纸为端石质，石色深紫，留有缠丝石纹，造型为一卧羊。羊四肢蜷缩，双目远眺，口部紧闭，嘴下胡须自然垂落，双角卷于后背。寥寥几笔，刀法犀利，虽无过多雕饰，但神韵古朴。

宋代铜梅花鹿、大象镇纸两件一组

鹿长5厘米、高3.5厘米；象长6厘米

　　两件镇纸均为铜质、铸造而成，造型分别为：趴卧的大象，憨态可掬，古雅可爱。瑞象昂首扬鼻，鼻前伸，叶形大耳垂搭自然，身形浑实，长尾甩于身侧。整器形态意趣憨厚，精气满盈，颇具艺术感染力，且寓意美好；鹿呈温顺的跪卧姿，鹿角为灵芝状"珍珠盘"角，鹿抬首前视，双耳贴于角下，短尾，四肢收于腹下，通体光素，比例协调。镇纸由席镇演变而来，在唐宋之际进入文房。前蜀杜光庭《录异记》载："会稽进士李眺，偶拾得小石，青黑平正，温滑可玩，用为书镇焉。"在众多有关镇纸的典籍中也都提到了"雕异兽"，可见祥瑞异兽是镇纸的主要形制。中国文化中，有关祥瑞异兽的艺术形式不胜枚举，文房内的镇纸虽小，却将这一形象体现得淋漓尽致，其寄寓之精神，与主人亦能相得益彰。象和鹿自古便被视为吉祥动物，具"太平有象""长寿福禄"之意。（参见：首都博物馆藏北宋玉卧鹿）

宋代龙泉窑粉青釉花口洗

口径11.5厘米，高4厘米

洗口呈六瓣葵花形，直腹，外壁上下装饰两道弦纹，造型简洁而美观。内外壁施粉青厚釉，釉面莹洁，通体无开片，显示出高超的烧造水平。釉色娇嫩纯美，观之如置雨后山林，格调清新，赏心悦目。足露胎，削修规整，微泛火石红。器形规整秀丽，制作极为精良。洗是中国古代文人的必备之物。一件文雅精美的洗，不仅赏心悦目，更是文人雅士自身追求的表达。龙泉窑素以厚釉青瓷著称，其优雅的造型、肥美的釉水，无一不彰显出独特的青瓷艺术，其形其韵，往往让人流连忘返，陶醉其间。

南宋官窑黄釉洗

直径10厘米，高3厘米

　　洗圆形，敞口，圆唇，腹壁斜直折腰内收，矮圈足，造型小巧精致。通体施黄釉，釉层饱满莹润，釉质细腻纯净。圈足底一周无釉。此器通体光素，小巧别致，典雅清新。

宋代龙泉窑粉青釉洗

口径12.5厘米，高4厘米

　　洗敞口，平底浅腹，折腰内收，底承圈足，通体施龙泉青釉，施釉均匀莹润，釉层晶莹，釉色翠青，颜色青幽，淡雅清新，釉面莹润如脂，釉光自然亮泽，胎体厚重坚实，胎质细腻，通体光素无纹，小巧别致，气韵清新脱俗。

宋代龙泉窑仿官开冰片洗

口径13.5厘米,高4.5厘米

洗敞口,斜直壁,折腰,细圈足。胎质坚细,胎体匀薄。通体施青釉,釉面莹莹,开大小冰裂纹片,冰片层层叠叠,极富美感,大小适中,为文房案头雅器。恬静的釉色再配以深邃的冰裂纹开片,更显出高雅的品味。

宋—元龙泉窑菊瓣纹洗

口径16厘米、高4.2厘米

口折沿，弧壁下敛，底承圈足。通体施青釉，釉质浓厚，莹润如玉、柔和纯雅。内壁模印菊瓣纹，装饰简单，器形规整简洁，给人以古朴、雅致的视觉效果。龙泉窑是中国名窑，始于五代到北宋早期，历史悠久。

宋代玛瑙海棠形笔舔

直径8.5厘米

　　此笔舔用红色玛瑙雕琢而成，呈四瓣海棠花口，下收弧腹，器壁较薄，于半透明中朦胧显露出自然纹理，别无他饰，造型古朴大方，以玛瑙本身自带的天然纹理取胜，是宋代珍贵的艺术品。笔舔亦称笔砚，文房用具之一，用于验墨浓淡或理顺笔毫。笔舔始于宋代，但不见记载，南宋赵希鹄的《洞天清录》将文房用品列为十项，无笔舔记载。明代屠隆的《考槃馀事》中收录文房器具四十余种，笔舔位列第八。（参见：安徽省博物馆宋代金扣玛瑙碗）

宋代铜叶形笔舐

长9.2厘米，高2厘米

　　此笔舐为铜质，整体仿树叶形铸刻而成，叶缘微卷，造型舒展自如，叶内一侧边缘伏卧一只青蛙，生趣盎然，设计别出心裁。

宋代楚石兽形水盂

长9厘米，高6.2厘米

　　水盂以楚石制成，通体黝黑，皮壳光润，做伏卧兽形，雕琢手法朴拙利落，造型生动，特殊少见。楚石，又名墨晶石、紫石、墨玉，产于湖南省洞口县、新化县一带，该石质地细腻，色黑而脂润。极具光泽，磨光后黑如漆。

宋代寿山石牛形水盂

长7.5厘米，高6厘米

　　水盂用红色寿山石质雕琢而成趴卧的牛形，石质细润，牛额头部位有风化痕迹。牛身形饱满壮硕，立体感十足，昂首突目，口鼻上翘，做休息状。其嘴微微张开，似正反刍。牛背上开一圆孔，掏空作为水盂内腔，构思相当巧妙。耕牛勤勉耐劳，农业是国之根本，宋代文人取其形为水盂，似有自勉和期望本固邦宁之意。1965年，福州市考古工作者在市区北郊五凤山的一座南朝墓中出土两只寿山石猪俑，这说明，寿山石至少在1500多年前的南朝，便已被作为雕刻的材料。南宋梁克家《三山志》中写道，宋代寿山石开始大量开采，并用于雕刻，精美者作为贡品发运汴梁成为宫廷的玩物。大者为达官贵人陈列于几案欣赏，小者则为文人雅士手中的玩赏品。这表明宋代的寿山石雕艺术已经达到可以供玩赏的水平了。

宋代澄泥鱼形水盂

长8.3厘米

水盂以澄泥质雕琢成鱼形，并线刻出鱼眼、鱼鳍、鱼鳞和鱼尾，造型生动。鱼腹部深挖一椭圆形砚池。水盂在文房中是贮存砚水供磨墨之用的墨物。最迟在东晋时期，就出现了各种形状的水盂。

宋代铜鱼纹洗

口径13厘米，高6.1厘米

笔洗为铜质铸造，堂锣式，口沿内敛，扁弧腹，外壁纹饰为回纹地走兽纹，带出戟。内底中心高浮雕突起一只鱼纹，具有立体感。鱼和余谐音，故而此洗有"年年有余"的吉祥含义。

宋代锡双鱼莲瓣纹钵式洗

口径21厘米，高9.5厘米

　　钵为锡质，采用锤揲、錾刻等工艺制成。口部内敛，腹部微鼓，腰部渐收到底。外壁颈部一圈连环回纹，腰腹部微突起一圈莲瓣纹，内底刻有双鱼纹样。钵，是洗涤或盛放东西的器具，用来盛饭、菜、茶水等。一般泛指僧人所用的食器，有瓦钵、铁钵、木钵等。一钵之量刚够一僧食用，僧人只被允许携带三衣一钵，此文房笔洗做成钵式，彰显宋代文人超脱之意。

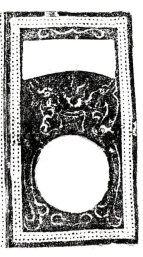

金代铭文琉璃砚

长14.8厘米，宽8.3厘米

砚为蓝色琉璃质，砚面长方形，中部有双线方框，内刻"大金得胜"四字铭文，表面有钙化痕迹。"大金得胜"源自"大金得胜陀颂碑"，碑位于吉林省扶余市得胜镇石碑崴子屯，上右起竖书两行阴刻"大金得胜陀颂"六字，为金代文人、书法家党怀英所篆。此碑是金代第五世帝王金世宗完颜雍为纪念其先祖金代开国元勋、女真族杰出首领、金太祖完颜阿骨打在此地集聚兵马，反辽誓师，终获胜利而建的记功碑。是目前我国发现最完整的汉字碑文和女真字碑文对译的一块碑刻。琉璃器物在中国始现于春秋，战国时期达到成熟，由于佛教的传入，至唐宋时琉璃盛行，亦用于宫廷。迄今发现较早的琉璃业加工场所在山东博山。"琉璃砚"始见于南朝徐陵《玉台新咏序》中的"琉璃砚匣，终日随身；翡翠笔床，无时离手"。唐代诗人李白《自汉阳病酒归寄王明府》也写道："去岁左迁夜郎道，琉璃砚水长枯槁。"从现存宋金时期砚来看，此琉璃砚系为罕见孤品。

宋代歙石罗汉肚池只履砚

长18.2厘米，宽12.2厘米

　　此砚为歙石质，平面呈长方形，为宋砚中少见的样式。该砚器形素雅，砚体厚实。砚腔斜直，做椭方形，呈履形，砚堂隆起圆润饱满，亦像罗汉肚子。借"只履西归"典故而得名"只履砚"，以示对佛教的恭敬。砚池较深，可多蓄墨。这种草鞋形的堂池，南宋高似孙在其《砚笺》中称之为"只履砚"。

宋代洮河石镶式砚

长19.5厘米，宽11.7厘米，高4.2厘米

　　此砚分为两部分，砚身主体呈长方形，棱角分明，砚面有边框。中部镶嵌绿洮石质砚堂，有云气纹石品，砚堂光滑平整，包浆发亮。砚堂与边框间刻宽槽做砚池，砚池有使用痕迹。此砚设计独特，属宋砚中的罕见品种。

宋代端石海棠池砚

长16.8厘米，宽9.4厘米

　　砚为紫端石质，平面呈长方形，无边框。砚石有水波纹。砚面刻对称海棠形砚堂，造型别致，别有趣韵，属宋砚中不可多见的特殊品种。

宋代洮河石门字砚

长13.7厘米，宽6.3厘米

砚为红洮石质，整体呈长方形，外框呈"门"字，门头部分深挖"一"字形砚池，池底圆弧，下方砚堂呈"凸"字形，与砚池间起直线墙隔，为典型南宋砚式。

宋代歙石程师砚子铭抄手砚

长17.3厘米，宽10.2厘米

砚为歙石质，石色灰黑，有用墨痕迹。砚身呈长方形，抄手式，三侧壁内敛，砚堂斜直。砚身刻铭文"程师砚子"，砚铭记录了制作砚者信息。"砚子"是宋人对"砚"的称呼，如浙江慈溪出土青瓷圆砚、江苏宝应出土抄手歙砚等，砚身均可见"砚子"字样，均为北宋砚。

宋代端石一字池抄手砚

长16.6厘米，宽10厘米，高2.5厘米

砚为端石质地，质地细腻，色泽深青，砚面长方形，门形宽边框，两边高于砚堂，一字砚池，两边垂直落地为足，呈抄手式。此类砚式多为南宋制式。

宋代歙石椭圆形砚

长17厘米，宽11.2厘米

砚为歙石质，石色灰青，砚形椭圆，宽缘，深挖眉形砚池，椭圆形砚堂，平底。砚形简洁，突出石品，讲究实用。

宋代歙石砚

长15.1厘米，宽9.8厘米

砚为歙石质，色泽青里透灰，石质细润，纵向排列刷丝纹，闪烁出绢丝般的光彩。砚形椭圆，窄边框，砚堂微隆，眉形砚池，砚边下收，平底。《辨歙石说》载，刷丝罗纹"石纹精细缠密，如刷丝然"。《砚史》云："粗罗纹、刷丝罗纹为次第。"在宋人眼中刷丝罗纹是仅次于细罗纹的上品好砚。

宋代歙石花瓶池砚

长14.2厘米，宽7.9厘米

　　砚为歙石质，石色青黑，砚质细润，砚面长方形，砚堂以减地法碾磨出梅瓶形，瓶口处作分隔，深挖一字砚池，形体方正，四边下收，平底。《歙州砚谱》名状第六所记"宝瓶样"即与此砚相类。

宋代紫石茧池抄手砚

长13.5厘米，宽7.1厘米

石色深紫，质地细腻，砚面长方形，窄边框，长方形砚堂。砚池部分深挖成椭圆形，似蚕茧状，取破茧成蝶、超脱涅槃之意。宋代文人以此题材制砚，期望科举高中，改变命运。两边下收，落地为足，呈抄手式。

宋代端石玉兰花形砚

长12.7厘米

砚为浅灰色端石质，随形制成近椭圆玉兰花形，上部为砚池，砚堂较浅，造型新颖别致，气息文雅。玉兰花寓意洁身自好、高贵典雅、光明磊落，正直廉洁。宋时文人以玉兰为题材做砚，是对人生品性的寄语。

宋代歙石暗细罗纹只履砚

长12.9厘米，宽7.4厘米，高2.2厘米

砚为歙石质，石色灰青，细腻的质地透出细密的罗纹，为歙石上品细罗纹石。砚面长方形，堂池一体，呈斜坡状，椭圆形口缘一道凸棱，与砚面边缘的硬折形成强烈的对比，四边落地平底。

宋代紫石一字池长方形砚

长15.3厘米，宽7.3厘米，高3厘米

　　石色紫黑，砚面长方形，窄边框，砚匠将所有心思都集中于砚面，浅挖椭圆形砚堂，与外缘直角形成不同的韵味，砚池部分深挖成"一"字形，四边渐收至底。

宋代歙石抄手砚

长15.2厘米，宽9.1厘米

砚为歙石质，石色浅灰，石质细腻，长方形抄手式砚形，池堂一体，呈斜坡状，边线平直，无拦水线。

宋代澄泥"朱"字铭风字砚

长16.8厘米

砚以青灰色澄泥制成，砚质细润，表面似有黑色涂层，砚为"风"字形。砚首圆弧，两边束腰后外撇，斧形弧尾，砚面为堂池一体的斜坡状淌池。宋代流行"风"字砚，因其形如"风"字，造型简朴而得名。

宋代歙石鱼子纹圆砚

直径10.7厘米

砚为歙石质，石色淡绿，密布青色鱼籽斑纹，类似鳝肚点纹，故称"鳝肚青"，为上品歙石。砚圆形，边缘较宽，砚堂平坦，亦呈圆形，砚池呈一弯新月状，更具实用价值。《歙州砚谱》名状第六有此"新月样"砚。

宋代紫石圆砚

直径9.7厘米，高2.4厘米

石色紫红，砚圆形，窄边缘，砚堂为微隆，砚池椭圆。该形砚为南宋时期典型样式。

宋代歙石眉纹圆砚

直径11.3厘米

砚为歙石，石色青灰，有长眉纹，显现出丝绢一般的光泽。砚圆形，边缘较窄，砚堂平坦而稍鼓，挖一椭弯月形砚池。

宋代鹅形石砚

长11.5厘米

砚青灰石质，砚体如鹅，作回首匍匐休息状，鹅首横亘于砚面，堂池随鹅身形成一体，因使用而微凹。这种文人气很浓的鹅形砚源于王羲之爱鹅典故。宋代仿生砚品种较多，但每一款数量都很少，属较为难得的特殊砚式。

宋代歙石海棠池砚

长17.4厘米，宽10.9厘米

砚为歙石，石色浅灰，质地细腻。砚面长方形，减地雕出砚池和砚堂，堂池分开，池如海棠花形，堂近圆形，样式别致少见。此砚式当为北宋末年形制。

宋代澄泥鱼形砚

长13.5厘米

砚体灰黄色澄泥制成，鱼形，造型生动。鱼眼处为砚池，鱼腹作砚堂。此式澄泥砚存世较少，主要流行于辽代和北宋时期。

宋代歙石马蹄形砚一对

大砚直径9厘米，高3.8厘米；小砚直径5.4厘米，高2.6厘米

　　砚为歙石质，石色浅灰，大小两方均为圆形，似马蹄，故称"马蹄砚"，取"春风得意马蹄疾，一日看尽长安花"之意。砚台堂池一体，倾斜落潮，池底低于堂面。《歙州砚谱》和《端溪砚谱》均记录有"马蹄样"砚式。

宋代水仙盘端石洗圆形歙砚一套

圆砚直径9厘米；水仙盘长11.2厘米，宽7.7厘米，高2.5厘米

盘为紫端石质，平面呈椭圆形，敞口，浅腹，平底，形仿北宋时期汝窑水仙盆。配套砚为歙石质，石色黑青，平面圆形。边缘微突，上端开茧形砚池，砚堂低于边缘，砚形简洁，讲究实用。

宋代三足月池端砚

直径12.3厘米

砚为端石质，石色青黑，平面圆形，上端开弯月形砚池，余为砚堂，底部鼎立设置三足，形制规整，做工精细。此种三足圆砚多流行于南宋至元代。

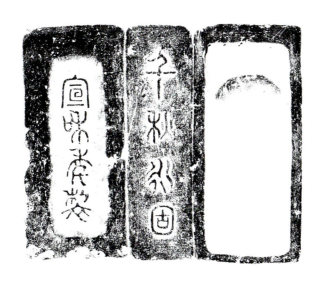

宋代宣和年制款澄泥砚

长23厘米，宽10.8厘米，高6.7厘米

砚为澄泥质，形呈长方，有宽边缘，微高于砚堂，上部为宽一字眉形砚池，平底，底部剔地浮雕出四字篆书铭文"宣和年制"，侧边亦有篆书吉语铭文"千秋永固"，带年代款识砚极为稀少，研究价值极高。（参见：台北故宫博物院宋代宣和澄泥砚）

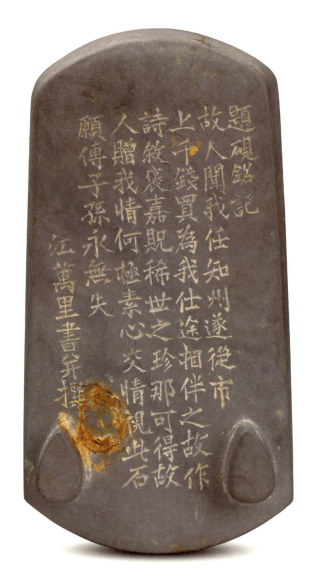

宋代江万里款有足风字端砚

长16厘米，宽8.2厘米

砚为端石质，石色紫红，质地细腻，砚面呈"风"字形，弧首、直腰，两边高于砚堂，砚池深窄如眉状，背部平坦，带两个水滴状足，中部阴刻楷书："题砚铭记/故人闻我任知州遂从市/上千钱买/为我仕途相伴之故作/诗叙褒嘉贶稀世之珍那可得故/人赠我情何极素心交情视此石/愿传子孙永无失/江万里书并撰。"全文生动叙述了一段故人赠砚之事。江万里（1198—1275），初名临，字子远，号古心。南宋末年士林和文坛领袖，著名民族英雄、政治家、教育家。官拜左丞相兼枢密使，创办白鹭洲书院。嘉熙四年（1240）出知吉州军，为江西著名的地方先贤之一。

宋代端石天然石纹童子拜观音砚板

长19厘米，宽11.7厘米

砚板为端石质，石色深紫，平面长方形，上有火捺、青花、翡翠绿、蕉叶白和鱼脑冻等诸多石品，为端溪大西洞砚石，好的端石多产于此。此石质感细腻，色彩丰富，正面天然石纹构成左侧站立手持净瓶的观音形象、右侧双手合十虔诚膜拜的童子形象，十分生动，盎然成趣。故仅打磨光润，不忍雕琢，以欣赏石品为乐。

宋代龙泉窑粉青釉鬲式炉

口径9.5厘米，高8.5厘米

　　炉撇口折沿，短颈、扁腹，三足内收，为一鬲式炉。通体满施粉青釉，釉层肥润，釉面清澈晶莹，为龙泉窑典型的石灰碱釉。炉肩起一弦纹，三足及腹处出三道脊，筋纹外胀，强劲有力，胎骨分明。此炉造型古朴，釉质温润如玉，宝光内敛，呈色深浅适度，碧如翡翠，青绿可人，呈现出一种超然的形态美，尽显南宋美学精粹。宋代美学发展于南宋达到巅峰，器物多素净无纹，简约内敛，造型端秀典雅，常取商周青铜彝器样式摹古，即所谓"追三代于鼎彝之间"，鬲式炉受到了宫廷及文人士大夫的喜好及鉴赏，成为宋人"四般闲事"中不可或缺的器具，是当时最为流行的香道具之一。以厚釉青瓷著称的龙泉窑，是中国青瓷史上一颗璀璨的明珠，自宋代兴起以来，历经元明，凭其肥美的釉汁和优雅的形态称绝于世。宋代的龙泉窑高等级器物往往是不惜工本烧制而成，其中特别是一些薄胎厚釉器，采用多次上釉反复素烧，最后高温烧成。故在宋代龙泉窑所制器物中，青釉鬲式炉堪称经典，备受后世钦慕。

宋代湖田窑直筒炉

口径8.8厘米，高6厘米

此炉为直筒状，口大底小，呈敞口状，造型简约，古朴凝重。釉面莹润似玉，白中略泛青，体施青白釉，胎体洁白，各部分衔接处由于积釉而带青绿色，明澈温润，青素淡雅。充分反映了当时文人的审美倾向。本品色调纯正匀净，与敦实的造型浑然一气，极富庄重之感，尽显宋式优雅。观此器，品味湖田窑"影青"瓷之秀美，艺术价值与历史价值兼具，弥足珍贵。

湖田窑为景德镇著名窑场，是我国宋、元、明时期制瓷业规模最大，延续烧制时间最长，所制瓷器最精美的古窑场之一，亦是我国八大窑系之一。《陶记》《南窑笔记》《景德镇陶录》均有记载，始烧于五代，终于明。制瓷工匠刻意仿如玉般格调和质感，素有"湖田如玉"之说，其白瓷以格调高雅，恬静清白，以淡泊隽永而闻名，珍品无数。

宋代吉州窑白釉鬲式炉

口径7.5厘米，高8.5厘米

　　鬲炉折沿、束颈、扁鼓形腹、下承三足，如笔管。为仿商周青铜鬲造型。形制端正，通体施白釉，釉色清亮，更显素朴。吉州窑白釉始烧于晚唐，白吉州在杭州出现得较多。白釉鬲式炉使用级别也比一般常见釉色和器型高级，属于罕见珍品。

宋代吉州窑黄釉鼓形炉

口径10.5厘米，高5.8厘米

　　此件香炉圆口，筒形腹，通体施黄釉，外壁上下贴塑鼓钉纹样，器形端庄大方，线条古雅劲健，古人通常以这种小炉作为琴炉使用，可放置文房案头，宜用宜赏，是一件陈设雅器。

宋代花口铜香盘一对

直径12.8厘米

　　盘为铜质、锤揲而成，作六瓣花口形，平底。香盘是焚香所用扁平形的承盘，多以金属制成。古人以焚香为道，品鉴名香，陶冶心性，荡垢除滓，如此可令心境虚静空明，不为世俗欲念所蒙蔽。自宋以来，香盘作为香炉的组配，为香道场合中不可或缺的用具。《宋史·仪卫二》记载："鸡冠二人，紫衣，分执金灌器、唾壶。女冠二人，紫衣，执香炉、香盘。分左右以次奉引。"

宋代铜香铲一组

左铲长16.5厘米；右铲长16厘米

　　铲为铜质，铸造而成，一端为拍平炉内香灰所用的圆形灰压，一端为取香料所用的水滴形尖铲。通体打磨细致，工艺精美，形制特殊，制作上乘。

宋代铜香插

高7厘米

　　香插为铜质，分体铸造铆接而成。器物分为插筒和承盘两部分，插筒作长颈盘口瓶状，顶部预留插孔，下接卷口折沿承盘和高圈足底座。香插是用于插放线香的带有插孔的基座，可以说是香炉的简化。它的出现宣告着传统的焚香礼节开始放松，焚香场合更为私密，焚香的态度更为随性。

武能安邦

公元960年，赵匡胤"陈桥兵变"夺取后周帝位建国，国号"宋"。

宋朝建立后开始北伐，其目的是夺取五代十国时期被后晋石敬瑭割让于辽国的"燕云十六州"。公元979年，宋辽战争爆发，至公元1004年，战争持续了25年。宋辽两国罢兵，双方签订"澶渊之盟"，开始近百年的和平共处。

公元1038年，党项李元昊称帝建国"夏"。宋夏战争爆发，至宣和元年（1119），宋军攻克西夏横山之地，西夏崇宗向宋朝表示臣服。宋夏战争前后持续80年。

女真崛起后，数年之内占领辽北方大部分国土，自立国号"金"。公元1118年，宋朝背盟，与金朝签订"海上之盟"，联金灭辽。金军灭辽后旋即南下，靖康二年（1127）攻破汴京后，掳走宋徽宗、钦宗，北宋灭亡。赵构即位称帝，于1138年定都临安（今杭州），史称南宋。以韩世忠、岳飞为代表的主战派决意北伐收复故土，以赵构、秦桧为代表的主和派期望通过和谈保住半壁江山。绍兴十一年（1141）南宋和金朝达成和约：宋向金称臣。

蒙古势力兴起后，南宋联蒙抗金，公元1234年，南宋、蒙古联军攻破蔡州，金朝亡。宋金战争持续109年。

公元1235年，窝阔台汗下令攻宋，宋蒙战争全面爆发。1271年，忽必烈定国号为"元"。1279年，南宋、元双方在广东崖山外海决战，史称"崖山之战"。宋军战败，陆秀夫负8岁的宋末帝赵昺投海而死，宋亡，元朝统一中国。

宋朝国祚319年，从立国开始，周围强敌环伺，先与辽争夺燕云十六州；后与西夏鏖兵西北；与金拉锯中原；宋蒙战争失败灭国，整个宋朝大部分时间都是处于战争状态。

宋朝武备是中国冷兵器发展的一个重要阶段，与周边诸政权大规模的战争促使宋朝兵器产生了纷繁复杂的形制，并形成了独有的风格。宋刀整体形制更为丰富，总体呈现了由唐时期的窄刃向宽刃发展，环首直刀依然在军中得以保留。相对于唐，环的形制则产生了更丰富的变化，出现连珠纹等变化。宋剑继承晚唐、五代风格，刃体宽阔。长柄武器更为丰富，尤其是长柄（杆）刀是唐、五代不曾出现的。部分形制的兵器、甲胄又吸收了部分辽、金兵器的特点，产生了相当大的融合。

一、宋

（一）刀剑

宋朝立国后，主要的战争对手是辽、西夏、金、蒙元，宋朝军队以步兵为主，在北方重甲骑兵的压力，迫使宋朝放弃汉唐以来窄细的刀形，"手刀"刀刃加宽、刀背增厚度成为必然选择。宋刀中长杆刀占有相当比例，"破阵刀、麻扎刀、棹刀"是宋军装备中"以步制骑"的重要武器。

晚唐、五代以来，剑作为战阵武器又再次出现，刃体普遍厚重，《武经总要》记载"厚脊短身剑，军颇便其用"。

根据金相试验，宋朝刀剑制造使用了夹钢技术。

唐风格剑形尖直刀

五代—北宋剑

剑格铁质两端下弯呈新月形，剑脊处有血槽两条，血槽至剑尖渐浅，下端贯通至月牙格，剑尖与刃有较明显折角，三曲连珠纹环首。（参考：中国国家博物馆五代王处直墓彩绘浮雕武士石刻）

宋剑

剑尖较锐，刃体与剑尖转折几乎无过渡弧线，整剑厚重宽大。剑茎长8厘米，开一目钉孔。剑格、剑柄束为银质，格新月形，鞘及环首等经修复。

南宋环首铁剑

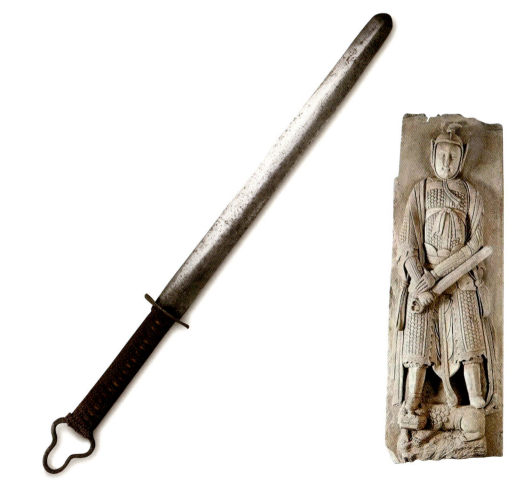

南宋剑

如意环首属于典型南宋形制，剑刃宽厚，格简素。（参考：四川南宋泸县石雕中武士所持宋剑）

宋环首刀

宋环首刀

宋手刀

　　环首装饰铁竹节，刃体有凹面装饰，刃体刀头略放大，刀尖斜锐，椭圆刀镡，格处有"L"形刀夹。整体刀形与南宋虞公著墓石雕武士所持环首刀形一致，刀尖的形式与《货郎图》中绘制的刀尖相同，是少有的能够和宋雕塑、绘画应对之实物。

长柄月牙格宋刀

宋刀矛

宋刀矛

宋刀矛是前朝未有之物，应是在对抗辽、西夏、金骑兵过程中诞生的宋制长杆武器。《武经总要》中记载宋刀有"刀八色"，其图像与实物已有较大差异，从图像中判断刀矛最接近宋制长杆刀中的"笔刀"。

宋槊

宋矛

宋矛

宋刀

（二）宋斧

金军重甲精锐在南宋初期给宋军造成了巨大的打击，南宋君臣开始认识到铠甲对军队的重要性，宋高宗赵构为此慨叹"无甲何以御敌"，张俊亦言"近岁军中方知带甲之利"（《中兴小记》卷十五）。所以南宋武备制作中，也开始制作重甲、斩马刀、斧、弓弩。南宋在对抗金军的南下过程中，逐渐找到适合克制金军的骑兵战术和武器。克制金军主要两种武器就是"大斧"和"麻扎刀"。

宋军中装备大斧数量较多，绍兴四年（1134），完颜宗弼率金军南侵，韩世忠在大仪镇设伏，亲率轻骑诱敌，将金军诱入伏击区，宋军伏兵四起，"'背嵬'者人持一长柄巨斧，堵而进上，砍其胸下，捎其马足，百遇百克，人马俱毙"（《三朝北盟会编》卷二百十八）。这是南宋军在建炎南渡后非常重要的一战，后被南宋称为"十三处战功"加以表彰。

南宋绍兴十年（1140），完颜宗弼再次率十万金军南下，金军兵锋直指顺昌。东京副留守刘锜，节制所部八字军三万七千人至顺昌城，决意坚守。完颜宗弼亲率"铁浮屠（常胜军）"至顺昌，时值天大暑，金军长途奔袭，人马疲敝。刘锜的军士士气高涨，以逸待劳，其间不断发动夜袭，迫使金军昼夜不得解甲休整。刘锜军更是在周围水源下毒，令金军人马饥渴，陷入困顿。刘锜军趁金军疲惫，"俄以数千人出南门，戒令勿喊，但以锐斧犯之"。宋军统制官赵撙、韩直身中数矢，犹死战，八字军殊死斗冲击金军，刀斧乱下，"官军以枪标去其兜牟，大斧断其臂，碎其首"（《宋史》列传卷一百二十五）。金军铁浮屠遂大败，史称"顺昌大捷"。

大斧

竹节鋬筒装饰如意云纹铜箍，斧背出戟，与《武经总要》所录"大斧"高度相似。

宋斧

凤首斧

峨眉斧

（三）甲胄

宋军甲胄造型简素，都是铁甲片编缀的札甲。甲胄分成身甲、甲裳、披膊、胄四大构件，军中甲制也明显传承于唐制。

身甲前后部分由肩带连接，背甲下沿至臀部，身甲至腹部，前后都有鹘尾，甲裳为独立结构，长度按照兵种、身高不等，步人甲可长至脚面；披膊为独立结构，身甲穿戴完成后，可独立披挂。护腰作为一种标配成为身甲的一部分，此时的护腰是一种新制式，前朝未有。

铁胄有三种风格：八瓣盔延续唐制；三盔叶眉子铁胄是一种新胄型，此种铁胄应该是北宋晚期至南宋胄的主流，金朝的眉子胄应该是受到宋胄的影响，此种风格还东传至日本，形成日本"头形兜"的起源；宽檐胄在图像和雕塑中都出现，但是尚未有明确实物，此类胄的顿项可能有三片式，亦可能是围筒式。

眉子胄

宋史料中出现一种眉子胄，护额长出钵体下沿寸许，胄体正中铁叶由内向外打出楞线，楞线横截面为三角形，錾刻铭文"朝廷降钱许□刘都统任内造"，属于典型宋军器。胄体下缘一圈有孔，用于编缀顿项。据史料，建炎四年（1130）六月，中兴四将之一的刘光世任御前巡卫军都统制兼任两浙路安抚使、知镇江府，从铭文看不排除此胄曾为刘光世部队所用。

铁盔

此铁胄为八瓣铁盔叶结构，外层四片盔叶侧边为三曲边造型，与内层四片盔叶铆接，盔顶铆接于盔体。盔体顶端偏圆，下沿开两排孔，上排孔距较密，下排孔间距较稀疏。宋多瓣铁盔继承唐制，此种盔形影响范围极广，吐蕃铁盔以及元、明两朝多瓣铁盔皆为此造型沿袭。属于唐制八瓣盔的延续。

南宋（元）铁盔

　　此盔整体仍为八瓣盔结构，外侧盔叶较窄，器形与早期宋八瓣盔有所差异，属于南宋晚期或元早期。

南宋风格笠形盔

　　此盔为斗笠形，盔钵体为整体锻造，帽檐单独锻造，两者锻合为一体。盔钵锻造精良，上端收分呈八面形，下端逐渐收圆，其造型与河北出土宋武士砖雕中盔形完全一致。盔两侧有对应两穿孔，盔沿上方应有带饰。此盔形对元、明两朝胄形影响深远，元、明会典所载"一片瓦""四明盔"都是来源于此种形制。

南宋（元）八棱一体锻造铁盔

南宋（元）三寅铜笠盔

盔沿阴刻三虎，虎姿态矫健。

南宋铜盔

宋元时期铁札甲

宋元马衔

（四）骨朵（锤）

五代、辽、宋、金时期，史料中开始大量出现"樋""骨朵""蒺藜""蒜头"。北宋文史学家宋祁撰《宋景文公笔记》对"骨朵"有如下解释："国朝有骨朵子，直卫士之亲近者。予尝修日历，曾究其义。关中人谓腹大者谓胍肫，上孤下都。俗因谓杖头大者亦为胍肫，后讹为骨朵，朵从平声，然朵难得音。今为军额，固不可改矣。"

多棱宋锤

立瓜宋锤

宋锤

宋立瓜青铜锤

（五）南宋岳家军城墙砖

《宋史》记载，淮西庐州设有强勇前军、强勇右军、武定军、游奕军、忠义军、雄边军、全年军。岳飞所率的部队，就包括了前军、后军、左军、右军、中军、游奕军、踏白军、选锋军、胜捷军、破敌军、水军和背嵬军十二军等。还珠楼主《岳飞传》第十四回写道："骑兵称为'游奕军'，步兵称为'背嵬军'。"

高邮军城砖

镇江后军城砖

游奕军城砖

武建军城砖

宋代岳家军铭文城砖六块。

宋刀子

宋刀子

宋元龙首叉

　　造型古朴雄浑，叉身前部为十分少见的连杆双枪头造型，枪头浑圆，枪身后部竹节，杆上反向双铜龙吞，龙吞造型简洁，龙头伸舌露齿，具有典型元龙特征。叉杆由圆渐变为四棱反刀形，下为套杆，推测应为宋元官制仪仗器物。

震天雷

北宋建康府（今江苏南京）、江陵府（今湖北江陵）已出现火药制坊，制造出火药箭、火炮等具有燃烧性的武器。《东京记》记载京城开封有制造火药的工厂叫"火药窑子作"。弹丸已可爆炸，声如霹雳，故称之"霹雳炮"。《金史》载，金天兴元年（1232），赤盏合喜守汴京时，"其守城之具有火炮名'震天雷'者，铁罐盛药，以火点之，炮起火发，其声如雷，闻百里外，所爇围半亩之上，火点著甲铁皆透"。

二、辽金

（一）刀剑

辽刀在早期风格中多学习唐制和北亚风格，由于历史原因唐刀极少随葬，所以早期辽刀实物对研究唐刀有极大的参考意义；中国刀刃逐渐由直刀变成弯刀，自辽朝始这类风格的佩刀明显带有北亚草原风格。鱼腹形刀刃的佩刀在辽、金延续接近300年。辽刀中出现的"L"刃夹，一直延续至清朝；晚唐出现的柿蒂形格在辽金两朝大量使用，形成后世刀格的主要形制；辽、金出现的长杆刀演化成后世的关刀；部分辽金刀刃靠格处装饰错银龙纹，后世演化成睚眦吞卡；这些细节在之后的千余年时间里一直对中国刀剑产生影响。

辽晚期佩刀

此刀环首呈扁圆形，錾刻波浪纹，两端连接柄箍，上下柄箍錾刻缠枝纹，刀格为较为典型的辽风格一字格，刀体相对较直，一侧开制血槽，刀尖呈剑形，刀体靠格处有"L"形刃夹，刃夹錾刻花草纹。

辽金铁刀

辽金铁刀

铁装辽铁刀

铜装辽刀

金长杆铁刀

金朝插茎式长杆大刀。此种风格长杆刀形流行于渤海国至金朝，南宋时期亦有风格接近的长杆刀。此类刀后世演化为偃月刀。

金朝长杆铁刀

此大刀应是步兵使用的长柄大刀。刃形长直，刀头轻微放大，靠背处有一较宽血槽，宽血槽下有一细血槽，刀刃靠格处有一窄小的刃夹，此类刃夹多在辽、金单手刀出现，长茎至尾端渐收，尾端刀镡较为简化，呈竹节形。

（二）甲胄

1. 辽胄

　　辽系铁胄整体承袭唐制多瓣形式，同时发展出独有的一些特征，辽胄上的装饰性铁眉、环绕钵体下沿的铁圈明显被金朝铁胄所继承。辽军的具装铠与北宋风格一致。

辽（晚唐）胄

此胄外层铁叶六片，边缘呈三曲关系，凸起的脊线由内向外锤打而成。内层胄铁叶呈三角形，胄体由铁叶铆接成型。胄顶底座呈六瓣形，中有圆凸，原始胄顶应该有缨管，每瓣铆接在胄体内侧胄片上。胄体底面呈椭圆形，胄体顶部收尖，胄体铁胎保存比较完整。此胄与长乐公主墓壁画中的胄高度相似。

辽铁胄

辽铁胄

典型唐制八瓣盔结构，外层盔叶的脊线、弧形眉毛与渤海国东京城出土的胄完全一致。盔体正中有护鼻，此类护鼻风格自中唐时期就已经出现，胄顶伸出4个花瓣铆接于内层甲片，缨管呈多层塔状。

2. 金胄

金军的铁胄形制主要是一体锻造浅钵体铁胄，胄体分成两种：一种为纯圆顶；另一种是盔顶有四条打出的铁筋，这类胄体下多有一环形铁圈，铁圈有打出的一圈或两圈凸出铁筋。铁胄下沿编缀顿项，顿项有全围、三段两种形式。胄体正面有一长方形护额，护额有打出立眉，此类眉子盔应是受到宋朝影响。

金军完整身甲应该由披膊、身甲、甲裳等部件构成，都是铁叶编缀而成的札甲。金军铁甲形制从已知图像看，较为简素，披膊较大，罩在身甲之外，披挂后会用绦带在前身紧固。身甲结构近似裲裆结构，长度遮蔽前裆后臀，甲裳独立穿挂。

金朝铁胄

　　此胄顶打出纵横交叉的四条凸筋，顶部有盔缨管铆接孔，正面铆接长方形护额，护额立眉较为斜直，属于早期金朝铁胄。

金朝铁胄

铁胄一体锻造，胄顶光素浅钵形，顶部有盔缨管铆接孔，部分盔体下沿铆接有一铁圈，正面铆接长方形护额，护额打出立眉。

金朝铁面

金具装铠马面

（三）辽金打砸兵器

鞭作为军器首见于五代史料。《新五代史》载五代后晋成德军节度使安重荣"使人为大铁鞭以献，诳其民曰：'鞭有神，指人，人辄死。'号铁鞭郎君"。锏与鞭应是同时代产生，锏无节，制作相对较为容易。从宋辽史料可知鞭锏皆为骑兵武器。已知的辽金锏风格简素，多为一字型格，柄呈纺锤形，柄首为盔形。

金朝和南宋相互对峙期间，两朝都有善用铁锏的军将。南宋名将岳飞除了善使长矛，也善运双锏，《行实编年》载"二月，战于曹州，先臣披发，挥四刃铁锏，直犯虏阵"。金将乌延查剌"左右手持两大铁锏，锏重数十斤，人号为'铁锏万户'"。正隆六年（1161）十月完颜亮攻宋时期，契丹人括里起兵反金，乌延查剌奉命征讨，括里在平原列阵，"查剌身率锐士，以铁锏左右挥击之，无不僵仆"。

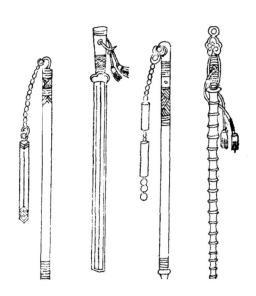

辽铜

辽金铁铜

辽金铁骨朵

金铁杆铜骨朵

金铁杆骨朵

蒜头铁骨朵

直径4.5厘米，高3厘米

骨朵铁质，作七棱蒜瓣形。按辽庆陵执骨仪卫壁画，可定为辽。

辽链锤锤首

（四）辽金弩机

辽鎏金兽型望山铜弩机

辽大康纪年弩机构件

北亚风格元刀

八角挡元刀

铜格元刀

　　刀刃狭长微曲，刀尖呈剑形，刀身略呈镐造，刃夹为"L"形。刀格靠身体一侧平直，佩表一侧为山形，手柄下弯髹漆，柄首正视为梯形，靠柄一端略宽，柄首端外置一环，可拴手绳。装具都为铜质。此刀的山形格，明显是延续辽、金朝风格，刀体明显受到辽、北亚风格影响。

金、大蒙古国时期多瓣铁盔

此盔器形属于金、蒙元风格，整体为八瓣盔，盔体较早期盔形更高，此类盔是后世元盔的起源。

大蒙古国铁盔

盔体较矮，钵体较扁，顶部收尖，胄缨座下缘分八瓣铆接于盔体，盔体下缘铆接一圈环形铁圈。大蒙古国时期形制。

元镂银铁盔

　　此盔结构为四片弧形锻铁和四片长条锻铁铆接而成，盔顶为四叶柿蒂纹造型，盔体前铆接眉遮，眉遮较明清短而浅。盔体镂银装饰龙纹、金鸦、如意。盔体中部一圈连续硕大如意纹。如意纹之上为双龙纹，龙形矫健苍劲，指分三爪，宋双龙衔尾追逐，双龙中一侧为月亮，另一侧为金乌，为日月当空之意，此种构图在明盔和清盔中都有明确传承。

元笠形盔

元马镫

中古双龙头铜制马镫

都市繁华

北宋时期经济繁荣，商业贸易极为发达，富庶程度位居历朝历代前列。正是基于这样的历史背景，才造就了繁华的都城汴京。《清明上河图》描画出了北宋后期东京开封的都市风貌。《东京梦华录》盛赞东京城："金翠耀目，罗绮飘香。新声巧笑于柳陌花衢，按管调弦于茶坊酒肆。八荒争凑，万国咸通。集四海之珍奇，皆归市易；会寰区之异味，悉在庖厨。花光满路，何限春游，箫鼓喧空，几家夜宴。"开封北宋东京城州桥遗址中北宋州桥重见天日，河道两侧巨幅石雕祥瑞壁画完美印证了《东京梦华录》中"近桥两岸，皆石壁，雕镂海马、水兽、飞云之状"的记载。

公元1138年，宋高宗赵构下诏定都临安府。宋室南迁，临安一跃成为南宋的国都。之后经过近150年的建设，成为全国乃至世界首屈一指的大都会。南宋杭州就已"无有宵禁"——有早市夜市，经商自由，又因交通便利，城里城外商铺繁多。《梦粱录》云："杭城大街，买卖昼夜不绝，夜交三四鼓，游人始稀；五鼓钟鸣，卖早市者又开店矣。"那个时候的杭州就已经是一座不夜之城，也是当时南宋的第一大都市，并且还是当时世界上最繁华、最发达的大都市。这是我国城市发展史上具有里程碑意义的一次大变革。《梦粱录》《武林旧事》《西湖老人繁胜录》等笔记，生动展现出南宋都城的生活场景：街巷纵横交错，店铺鳞次栉比，商品琳琅满目，水陆交流繁忙，车马喧闹，人流如潮，"珠玉珍异及花果时新、海鲜、野味、奇器，天下所无者，悉集于此"。

科学技术的发展使宋代的经济、特别是商业贸易呈现出一派繁荣的景象。手工业如冶炼、采矿、造纸、印刷、制瓷和金银器制作等不仅拥有相当大的规模，而且大量采用新技术、新工艺，很多手工业生产技术在当时都处于世界先进水平。宋代辉煌的工艺美术，为历朝所不及者，便是瓷器！从美学角度，它的艺术格调高雅，温润而细腻，接近哲学上的审美气质，宋朝是瓷器艺术的顶峰。

著名旅行家马可·波罗从意大利威尼斯来到东方，他亲身领略了杭州的风采之后，便以极大的热情赞美这个"堪为世界城市之冠"的"天城"，称之为"令人心旷神怡熏熏欲醉"的人间天堂。

宋代大林龢钟
口径11厘米，高17厘米

钟为铜质，呈合瓦形，桥形口，长乳，甬饰环带纹。钟正反钲部各有一列铭文，各四字，分别为"大林龢钟""皇考惠叔"，铣和鼓交接处有三列铭文，共二十字，分别为"虢叔旅曰丕显""降旅多福万年""子子孙孙永保用世"。此钟为宋代仿照西周礼乐器虢叔旅钟而作。（参见：故宫博物院藏西周虢叔旅钟）

宋代纯金走龙一对
长5厘米，总重11克

金龙锤揲相合而成，中空，呈昂首行走状。张口吐舌，须发飞扬，齿脊麟尾，有飞翼，通体錾刻鳞纹。身姿矫健，具有典型的时代特征。金龙是帝王道教投龙仪中的重要信物之一，举行斋醮科仪祈福禳灾后，将祈愿的玉简与金龙一起投入名山大川，金龙负载玉简以达神灵。（参见：义乌博物馆北宋金龙）

南宋龙泉窑粉青观音造像
高14.5厘米

　　此观音坐像为龙泉窑青瓷品种，胎体可见火石红痕迹，施粉青釉，赭红与翠青两相对比衬托，相映生辉，精美绝伦，令人印象深刻。观音面容清秀，五官秀美细腻，端素慈祥，眉目低垂，唇角深凹，微微上翘，笑意盈盈。其头顶花冠，发髻高束，身着天衣，胸前佩莲花璎珞宝饰，披帛着长裙，衣纹线条流畅，层次丰富如波浪般起伏跌宕。上身端坐，左右手扶膝，双足半露，一足屈掩，颇为写意。透过垂拂流转的衣褶，隐露出观音的肢体形态，似在俯瞰尘世众生。此件观音瓷塑制作工艺精湛，采用了模印、刻划、工艺相结合之手法，并将新颖别致的"露胎"的装饰技法运用得淋漓尽致，集龙泉窑堆塑、模印等主要装饰技法于一身，人物刻划细腻，生动传神。青釉凝润如脂，制作精美绝伦，弥足珍贵，是釉瓷质地美及艺术表现美与佛教艺术完美的结晶，于公私典藏中颇为罕见。龙泉窑在宋元之际将中国青瓷工艺推向历史巅峰，不仅是依靠娴熟烧造温润如玉之釉色，更是在雕塑艺术上日臻工巧，创烧出一批生动形象的佛道人物塑像。

宋代铭文自在观音铜造像
高20厘米

　　造像青铜铸造而成，为自在观音像。该造像发髻高束，头戴佛冠，面部饱满、面容清秀，双目微低垂，神态沉思，颈部饰璎珞，身姿线条流畅，右腿弯曲，左腿下垂，赤脚坐在台座之上，神态悠闲自在。底座呈山石形，正面刻有铭文"嘉定元年八月恭浦敬造"。（参见：旬阳市博物馆藏宋代观音铜造像）

宋辽铜莲花宝子柄香炉
长32厘米

炉为青铜质地，铸造而成。镂空龙纹圆形炉盖，行龙神态灵动，非常威猛。炉身如一朵莲花，下接莲茎和荷叶形底。茎处伸出一弓形手柄，柄端延伸带底座，柄下刻"广府山东"四字款，说明此行炉出自山东的广平府。柄上还有一朵小莲花，即用来装香的宝子，使行炉整体看起来像一朵盛开的莲花。这种带柄的行香炉又称之为莲花宝子柄香炉，为礼佛专用。（参见：内蒙古自治区文物考古研究所藏赤峰宁城埋王沟辽墓莲花形鹊尾香炉）

宋代直颈琉璃瓶
高15厘米

　　此瓶透明琉璃质，采用吹制方法制成。器形外翻唇口、长直颈、弧形肩，至底部平底内凹。表面有反铅钙化皮壳痕迹。汉晋之时，大量古罗马玻璃进入中国，被视为珍宝，西方的玻璃器吹制工艺也随之传入。唐宋时期国内各大寺院地宫遗址出土的宝函中，屡见此类吹制工艺的透明琉璃舍利瓶。

宋代琉璃小瓶
高9.5厘米

　　此瓶透明琉璃质，采用吹制方法制成。器形撇口、短颈、圆肩球腹，平底微内凹。表面有反铅钙化皮壳痕迹。南宋赵汝适《诸蕃志》记载："琉璃，出大食诸国。烧炼之法与中国同。其法用铅、硝、石膏烧成。大食则添入南鹏砂，故滋润不裂，最耐寒暑，宿水不坏，以此贵重于中国。"伊斯兰玻璃器通常为透明玻璃质，因为在原料中添加硼砂使玻璃耐热性韧，比国产琉璃更为实用，深受宋代上层喜爱。南宋宫廷赏花，就有以大食（阿拉伯）玻璃瓶插花的风尚，这在当时留存的绘画中也多有表现。可见，虽然料质相似，但进口的透明"琉璃"器皿，与国产的半透明"药玉"制品，在实用和装饰功能上有明显区分。

宋代琉璃长颈瓶
高17.6厘米

瓶为琉璃质，采用吹制工艺制成。口部透明，瓶身呈半透明烟青色。外翻唇口，细长直颈，下垂球腹，小平底。此式长颈琉璃瓶多为唐宋时期传入中国，其用途多用于盛放舍利，也有盛放供奉神灵的灯油者。（参见：浙江省博物馆藏北宋蓝色磨花高颈琉璃舍利瓶、天津市蓟州区独乐寺辽代白塔出土刻花琉璃瓶）

南宋"能仁常住"带铭文银碗一对

口径11厘米，高7.3厘米

　　碗为银质，打作六瓣葵花口状，底部焊接圈足，圈足外侧錾刻有铭文，一为："都功德主景如、内功德主宗日、智林，丙午岁置。"另一为："都功德主奈性、内功德主南元、法照，戊申岁置。"两碗底皆刻有"能仁常住"。其中"能仁"为梵语的意译，即释迦牟尼佛，意为有能力与仁义的智者。"常住"也为佛教名词，意为恒常永住，不会变异毁灭，即法无生灭变迁。此对碗从铭文内容可知其在南宋时期用于佛教寺庙。丙午年为1246年，宋理宗赵昀淳祐六年，戊申年为1248年宋理宗赵昀淳祐八年，杭州经五代吴越和北宋的倡导已成为"东南佛国"。南宋时期杭州佛教进一步兴盛，梵宇琳宫遍布湖山，是佛教史上的高峰。

宋代铜箸瓶筷子勺一套

　　杯盘碗筷这些餐具到宋朝才开始齐备，煎、炸、烹、炒这些做法，也是到了宋朝才开始完善。宋人吃饭非常讲究，有元人笔记曾提到宋有季姓大族请人吃饭宴会必备三样餐具：箸瓶、止箸、渣斗。箸瓶里面插着筷、勺。这套箸瓶，瓶子的造型是宋代非常经典的直口瓶。南宋贵州遵义的地方首领杨价夫妇墓中也出土有同样的金箸瓶，这套铜箸瓶时代特征明显，包浆自然浑厚古朴，瓶子、筷子、勺子原装一套，非常难得。

宋代银箸瓶筷子勺一套
瓶高9厘米，总重62克

　　此套为银质，箸瓶盘口，颈部有二道弦纹，呈竹节形，溜肩，垂腹，下承圈足。瓶内插放一只银匙和一副银箸，其中银箸呈六棱柱形，手握持处设置了螺旋纹银丝，以便握持方便，同时也增加了美感和立体感。宋代箸瓶多光素无纹，此式带竹节弦纹者少见，南宋时期龙泉窑青瓷中即有此造型。（参见：东阳市博物馆宋代银鎏金云龙纹匙箸瓶）

宋代吉州窑玳瑁纹箸瓶一对

短瓶高12.5厘米；长瓶高13.5厘米

瓶直口、束颈、鼓腹，圈足宽平，底部露胎，通体施黑釉中夹带黄色斑彩，呈玳瑁纹。玳瑁釉是宋代黑釉瓷器的一个花色品种，即在黑色釉地上点染黄色斑块；入窑后，由于釉的流动、熔融，形成如玳瑁甲壳色泽的纹样。玳瑁釉常见于南宋吉州窑瓷器。（参见：武汉博物馆藏宋代吉州窑瓷瓶）

宋—元龙泉青瓷箸瓶

高15.5厘米

　　瓶盘口，筒形长颈，溜肩，圆腹，下承圈足。通体施青釉，釉色偏黄。此种龙泉窑箸瓶即仿自金银器，且专用于酒宴等特殊场合。宋代《梦粱录》记载了宋人四艺"焚香、点茶、挂画、插花"，其中焚香的基本用具为炉、瓶、盒，瓶就是箸瓶。箸瓶用于盛置火箸、香铲。焚香时，中间放置香炉，两边分别放置箸瓶和香盒。

宋代铭文善庆堂银筷子小勺大勺一套

勺长30厘米，总重422克；筷子长25厘米，总重703克；匙长25.5厘米，总重342克

　　此套银器具分别为：筷子10双、勺10只、匙10只，共计30件一套。筷子呈圆柱状，方形筷尾，圆形筷头，象征天圆地方，而手持筷子时则形成天、地、人"三才之象"。国人凡事讲究"天地人和"，筷子的制造与使用也蕴含着这种传统哲学思想在其中。持柄部位有突起的竹节纹装饰，既具实用性，也具吉祥寓意，暗含步步高升、正直清高之意。勺整体呈弧形抛物线形，勺面舌形。匙亦呈弧线形柄，匙面呈椭圆形。其中二勺柄錾有铭文一为："甲申年中元记于善庆堂前并箸拾付。"另一："甲申年中元记于善庆堂前计拾付。"南宋有两个甲申年，一为宋孝宗赵昚隆兴二年（1164），一为宋宁宗赵扩嘉定十七年（1224）。宋孝宗执政时，社会稳定经济发达，百姓生活安康。史称"乾淳之治"。这套银器应该制作于宋孝宗隆兴二年中元节。"善庆堂"，意指宋时定制此套餐具的堂号名，"善庆"谓善行多福，语本《易·坤》："积善之家，必有余庆。"

宋代蜀葵花纹金盏
口径9.5厘米，高4.8厘米，重74克

金盏呈六瓣葵花形，花瓣上亦有梅花、莲花等錾刻花纹装饰，盏心六叶花蕊特立，即表现葵花之"檀心"，盏下承喇叭形圈足，为分体焊接而成，整体器形精巧灵动、含蓄唯美。金质器皿自古为宫廷及大官僚阶层奢华生活享用，平民百姓可望而不可即。宋人所谓"葵花"，即锦葵科的蜀葵、黄蜀葵之类，为中土原产，可作传统观赏花木，亦名黄葵、秋葵。苏东坡《蝶恋花·密州冬夜文安国席上作》中有"深惜今年正月暖，灯光酒色摇金盏"，王安石《既别羊王二君与同官会饮于城南因成一篇追寄》也道"临流黄昏席未卷，玉壶倒尽黄金盏"。宋代的奢靡之风造成了黄金器皿的大流行。（参见：上海博物馆藏南宋《秋葵图》、1993年四川彭州金银器窖藏出土银鎏金葵花盏）

宋月映梅花金花钱
直径2.8厘米，重5克

　　钱币为纯金铸造，并錾刻一树横斜的梅枝和一弯新月纹饰。营造出月光初照、疏影横斜、娇蕊半放，"暗香浮动月黄昏"的意境。此种纹饰又被称作"梅梢月"。"月影梅"可谓宋元文人最爱的题材之一，并融入不同的艺术类型之中。此件月影梅金币为目前仅见者。

宋代花口银盘一对
直径10.2厘米，总重54克

　　盘为银质，成对，作八曲葵花形，圆唇，平折沿，斜壁内收，平底。两件银盘保存完好，光彩夺目，不仅体现了宋代贵族雍容华贵的生活情景，也展示出宋代银盘制作工艺的精湛高超。在工艺上，两银盘均采用了锤压、錾刻等多种技法，虽历经800多年岁月的洗礼，部分出现氧化现象，但纹理仍然清晰、制工精细、色泽华丽。在造型装饰上，银盘的图案布局从器物葵瓣的花形特点出发，将传统吉祥纹样寓意融入其中，装饰艺术已经完全摆脱了唐代金银器工艺风格的影响，充分表现出宋代金银器装饰艺术的新风貌。

宋代轮花银盏

直径11.8厘米，高3.5厘米，重58克

　　盏为银质，采用锤揲、錾刻和焊接工艺制成，呈六瓣秋葵口形盏，下呈喇叭形高圈足，造型简单素雅。北宋早期晏殊一首《菩萨蛮》便道出秋葵以上两种好相："秋花最是黄葵好，天然嫩态迎秋早。染得道家衣，淡妆梳洗时。　晓来清露滴，一一金杯侧。插向绿云鬟，便随王母仙。"秋葵是南宋时期的流行纹饰，宋人常用秋葵花造型制作金银杯盏饮酒，如四川彭州南宋金银器窖藏银葵花盏。

宋代镂空累丝银耳环一对
重12克

　　耳环银质，采用累丝和焊接工艺制成，作葫芦形，上有弯钩用于穿耳，累丝工艺精细，葫芦造型寓意吉祥。女性佩戴耳环成为时尚约始于宋代。宋元时期民间金银器的制作已经十分发达，这一时期金银器制作的一大特色就是对于各式花卉瓜果的仿生与象形。葫芦的谐音是"福禄""护禄"，寓意幸福安康。葫芦的枝蔓的"蔓"与"万"字谐音，葫芦又是多子之实，因而又有"子孙繁茂""子孙万代"的寓意，也被人们用来宜男。

宋代金镶绿松石耳环一对
重8克

　　耳环用黄金锤揲制成带有联珠纹的四叶草样，并焊接细弯钩状环脚，用作簪戴，下部分别镶包水滴形绿松石坠。（参见：浙江海宁智标寺出土银鎏金镶绿松石耳环）

宋代镂空金霞帔坠
高9.5厘米，重27克

　　霞帔坠是用两枚金片打造为相同水滴形镂空纹样并扣合在一起，图案为缠枝花叶，盘综错节，密而不乱，顶端作火焰摩尼宝状，留有穿孔，以为佩系，做工精妙复杂。

宋代金镂空花卉纹霞帔坠
高9厘米，重15克

　　霞帔追为黄金质，采用两片分制再扣合而成，平面呈水滴形，顶端有穿孔，正反两面纹饰均采用掐丝镂空"白描"以莲花为主的诸般花卉，且表面粘焊细密规整的粟粒。霞帔坠是缝缀或系挂于霞帔之上，平展下垂的压脚，流行于宋代。霞帔与翠冠（凤冠）成为后妃常服和命妇赐服的重要组成部分，而霞帔坠作为霞帔的配饰，也由此被纳入等级制度之中。（参见：福州南宋黄昇墓出土银鎏金花卉纹帔坠）

宋代金镂空花卉纹心形霞帔坠
高7厘米，重14克

　　帔坠为两枚金片打造，镂空作相同纹样后扣合而成，镂空主纹饰为花卉，边缘线条作细密的联珠，最外廓边缘有一周大联珠纹，整体形如桃心或如意，设计精巧别致。"三金"中的金帔坠乃是霞帔底端的一个压脚，霞帔作为礼服成熟于北宋，原属命妇之特赐。宋代霞帔坠以滴珠式为多，如意心形者相当特殊少见。

宋代金双龙戏火珠纹霞帔坠
高7厘米，重12克

　　帔坠为两枚金片打造，并扣合而成。镂空錾刻首尾相对龙纹和火珠纹，龙尾部上卷，坠顶端有一穿孔，用以穿系佩挂。此器采用了锤揲、透雕、焊接、线刻、压模等多种金银器加工技法，整体造型玲珑剔透，精美别致，将实用与装饰的功能完美结合。宋代霞帔坠以滴珠式造型为多，此件造型和纹饰均为罕见，且保存完好，甚是难得。（参见：安徽博物院藏宋代双龙镂空纹霞帔坠）

宋代金满池娇霞帔坠
高8厘米，重26克

霞帔坠用两个金片扣合而成，并镂空雕刻双面荷塘鸳鸯"满池娇"纹饰。

宋代金火焰形金霞帔坠
高7.5厘米，重22克

　　帔坠为两枚金片打造，镂空作相同纹样后扣合而成，镂空主纹饰为火焰，下方有突起的圆形火球，边缘线条作细密的联珠，整体形如水滴，此式纹饰特殊少见。

宋代联珠纹银手镯一对
重125克

　　联珠镯见于永乐本《碎金》，有空心和实心两种做法，前者打造成形，为省料的制法，后者模铸成型，有沉甸甸的分量。两种镯在钳口处的两端均装饰一对龙头，取二龙戏珠之意。（参见：临安博物馆藏宋代联珠形银手镯、安吉灵芝塔天宫出土银錾龙首联珠镯、湖南临澧新合元代窖藏金錾龙首联珠镯）

宋代花卉纹金手镯
重21克

　　镯在宋代文献中多写作"钏"。此镯为典型两宋时期钳镯样式，即整体呈开口圆形，以中间弦纹把镯面两分，分别打作花卉纹装饰，给人以多重的视觉效果。钳镯作开口式，是唐代定型的传统镯形样式，即中间宽，向开口处的两端逐渐收窄或收细呈扁片状。（参见：广东阳江南海一号沉船出水四季花卉纹金钳镯）

宋辽包金龙头手镯
直径7.7厘米，重93克

镯为包金工艺制成，镯身成圆柱状。镯口处的
两端装饰一对龙头，作二龙回首之态，龙首硕大，
回首相望，龙身相互连接，围成环形，首尾相连，
相互辉映。镯其他部分未有装饰，镯身内环浑圆光
滑。龙首双眼怒目，刻画栩栩如生，尽显皇家贵气，
非民间所有。故宫博物院藏明代画家计盛所作，描
写宋人生活场景的《货郎图》中，小孩手上戴有几
乎完全相似的龙头手镯。

宋代金臂钏一对

　　东汉诗人繁钦写过一首定情诗："何以致拳拳？绾臂双金环。……何以致契阔？绕腕双跳脱。"这诗中的双金环和双跳脱，就是金臂钏的别称。在东汉年间，这种金臂钏，就已经成为男女之间定情的珍贵礼物。这对金臂钏做成弹簧样子盘绕成圈，两端有活套系扣用以调节松紧，即可戴于手臂，也可套于手腕上，唐宋年间女子佩戴臂钏，已十分普遍，尤其是唐朝妇女丰满的身形戴上臂钏后，显得更加风姿绰约。而到了宋代金臂钏更是与金镯子、金霞帔子一起成为了婚姻聘礼中必不可少的三金之一。这对金臂钏，弹簧状的主体各有8圈，两头是用金丝缠绕编成的活套扣，采用锤打编结的工艺制成。（参见：江苏常熟博物馆的一对金臂钏）

宋代镂空花卉纹金梳帘
长9.5厘米，重16克

梳帘为金质，采用锤揲、焊接、錾刻、镂空等多种工艺制成。梳背双层薄片状，打制呈拱形、中空，便于镶嵌在梳子上。在梳背弯拱的外缘系缀金花珠网，珠网下垂如帘，镶在梳背上后插在女子额头上方或鬓角的两边做装饰。此金梳帘金色纯正，设计精妙，技艺高超，制作精良，彰显了宋人独特的审美。（参见：湖南临湘陆城一号宋墓出土金梳帘、江西新余出土金梳帘）

宋代铭文金镂空花卉纹四头钗一对

长12厘米，重27克

钗为金质，采用铸造、镂空、錾刻、焊接等一系列复杂工艺制成，钗尾为四朵花筒连接于钗梁上。花头钗是两宋时期金银器中非常流行的样式，使用也非常广泛，花头样式取牡丹、菊花、梅花、荔枝等，再经金银匠人各逞巧思，令其千姿百媚。宋代皇室嫁女，妆奁中的"钗朵"即指此类。

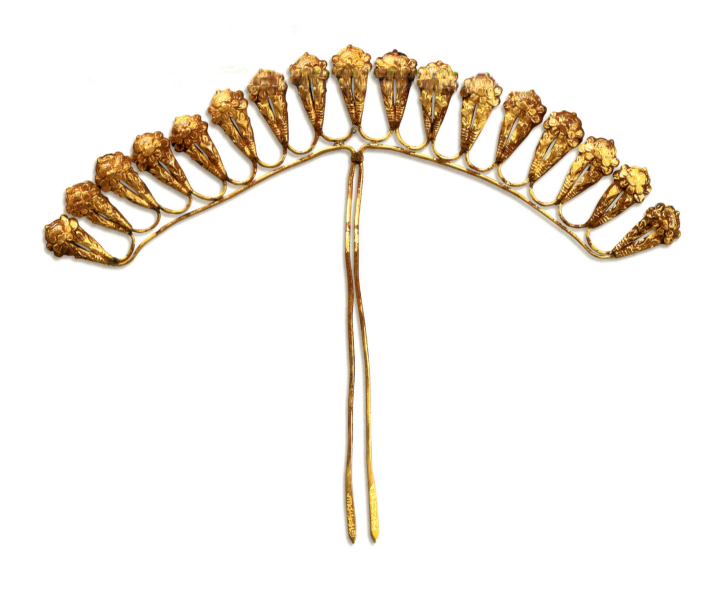

宋代铭文金桥梁式花卉纹多头叉

高14.5厘米，宽19.5厘米，重43克

　　钗用两根粗金丝并拢做成钗脚，在钗脚上顶端分向两边作钗梁，在梁上打造17只喇叭筒形花样，钗脚锤成扁状，并印有铭文。花头钗即在钗梁上并连做出各种立体花头或花筒装饰，其名见于宋人话本《宋四公大闹禁魂张》："就脊背上取将包裹卜米，一包金银钗子，也有花头的，也有连二连三的，也有素的，都是沿路上觅得的。"花筒钗的设计和制作始于宋，继而成为宋元时期最为流行的样式。（参见：湖南临湘陆城一号南宋墓出土金连七式花筒钗）

宋代金陈三郎款双凤纹头簪
长18厘米，重14克

　　簪为金质，形如一枚织布梭，故名织梭式簪。簪首长圆，打作镂空腾飞回首姿的双凤纹，颇具轻灵秀逸之韵。簪脚趋于窄尖，并有铭文"陈三郎"，应为此簪制作匠名。此种簪式流行于两宋，后则鲜见。（参见：南京幕府山北宋墓出土金麒麟凤凰纹簪）

宋代金如意纹镂空绣球步摇一对

长14厘米，总重27克

　　步摇为金质，作尖脚式簪状，采用镂空、錾刻、焊接等诸多工艺制成，首端作如意形，中心位置突起绣球状装饰，下与簪脚用金质链环连接，制作工艺精湛。步摇为簪钗中的另形样式，以钗首悬挂坠饰，行动便有金光闪烁、步步摇颤的效果。《释名·释首饰》："步摇上有垂珠，步则动摇也。"我国目前发现最早的步摇为甘肃武威出土的汉代金步摇，是受古代阿富汗地区大月氏民族的步摇冠影响的产物。

宋代满池娇金头簪

长17厘米，重22克

　　簪为黄金打制而成，簪头为两朵莲花和两片荷叶，用打着螺旋的细金丝在背后连缀为一体，总成一束后再套接一柄簪脚，组成繁花似锦的一树。莲花荷叶题材的首饰宋代出现，到元代成为典型式样之一，多用于高髻上的迎面插戴，元明时代它便又有"面花"之称。

宋代纯金花卉纹金花（簪首）

高8厘米，重18克

　　此簪首以黄金材质、采用锻镂和焊接工艺制成。簪首为六层花瓣，层层套叠于细圆柱形簪杆上，且每层花瓣都打作铺展开来而有镂空孔的九瓣花，花瓣边缘打作联珠纹，顶端再打一朵含苞待放的小花，不论是样式还是做工，都是宋代金质首饰中的少见品种。（参见：江阴夏港宋墓出土金莲花簪）

宋代金镶嵌银杆头簪

长28.5厘米，重23克

　　此簪为金银质地，即簪首用金片打制成中空的球状，并打作仰莲托座，下部相接的银簪脚成尖柱状，光素无纹。此式簪在宋代的主要功能为皇室女子固定头冠，也可用以装点云髻。（参见：江阴夏港北宋孙四娘子墓金裹头银脚簪、常州北环工地宋墓金裹头银脚簪、江阴西郊文武大队金裹头银脚簪）

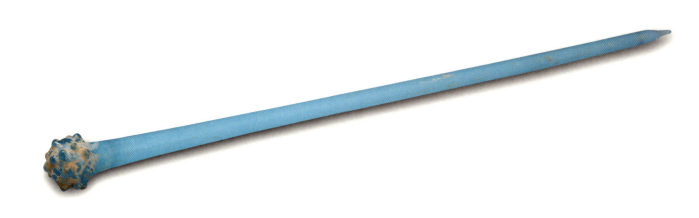

宋代琉璃簪
长18.5厘米

簪为琉璃质，色泽幽蓝，呈柱状，簪首作花苞状，造型仿同时期裹头金银质簪。这是宋代首饰中常见的琉璃饰品，尤以蓝色为多。其主要原因有二：一是对琉璃工艺的认识使得琉璃不再作为难得的奢侈品，日渐进入寻常市民家；二是宋代多次"禁奢令"禁止"铺翠"，即使用翠羽作为装饰，蓝色琉璃成为翠饰的替代品，所谓"京师禁珠翠，天下尽琉璃"。（参见：杭州博物馆南宋蓝琉璃簪、杭州西湖博物馆宋琉璃簪、上海博物馆宋代琉璃簪）

宋代金狮形佩
重17克

　　此佩纯金质，呈趴卧状立体狮子造型，憨态可掬，宋代配饰中的狮子形象已从威猛变作驯良可爱。狮子右腋下设穿环，穿系金质锁链，另一端连接联珠纹圆环。"狻猊金落索，鸾凤玉丁东""红罗佩吐狮头玉，碧珥香衔凤口珠"，正是为人所羡慕的装束。（参见：浙江大学邵逸夫科学馆工地出土金狮佩、江西安义宋李硕人墓出土金卧狮佩）

宋代红沁和田玉青蛙莲叶挂件

长4.7厘米

　　蛙为和田玉质，带红色沁，表面有灰皮。圆雕而成，蛙俯卧于荷叶之上，尖圆吻，目微凸，前肢较短，后肢健壮微屈，体形浑圆，背部微微鼓起，造型精准，显示出精湛的雕刻技艺。荷叶背面较为平整，阴刻线表示叶蔓。整器姿态生动，神形毕肖，可供系挂佩戴，令人赏心悦目。

宋代水晶鹅挂件
长4.5厘米

挂件采用茶色水晶雕琢成一只回首贴颈休憩姿势的鹅形，底部除雕出一双蹼外，还钻有隧孔，原本或嵌于他物上方，周身雕饰线条简洁之羽毛纹饰。宋代鹅形挂件多为玉质，水晶者少见。从考古资料可知，宋代时北方的契丹与女真民族都喜爱佩带或曲颈，或回首的鹅形的玉佩，南京建中村南宋初年墓葬中也出土玉质的鹅形小佩。（参见：台北故宫博物院藏宋代玉鹅）

宋代和田玉方形环

长5.6厘米，宽4.5厘米，厚0.7厘米

环为和田玉质，作圆角长方形，中有海棠形孔，通体光素无纹。南京江宁建中村宋墓、海宁智标塔地宫等出土有同类方型带螭虎纹玉饰。

宋代银戒箍
直径16.5厘米

　　箍为银质，采用条状薄片锤制作成圆弧形，后留缺口，正面上端为卷云形如意头，上錾到"佛"字古代戒箍迄今发现者较少，古时带发修行的云游苦行者用戒箍固定头发，同时提醒戴箍者遵守佛教清规戒律和佛法教诫。

宋代银玉壶春瓶
高8.5厘米，重31克

瓶为银质，采用锤揲和焊接等工艺制成。瓶口外撇，束颈，溜肩垂腹，底部焊接圈足。银质玉壶春瓶多流行于元代、宋代鲜见。玉壶春瓶的造型定型于北宋时期，在宋代是一种装酒的实用器具，后来逐渐演变为观赏性的陈设瓷，是中国瓷器造型中的一种典型器型。（参见：无锡市博物馆元银玉壶春瓶、四川彭州金银器窖藏宋代银胆瓶）

宋代银梅瓶

高10厘米，重54克

　　瓶为银质，唇口，短颈，丰肩，腹部渐收至底。《碎金》中将此式梅瓶记为"酒经"，宋人诗歌中称其为"长瓶"，如陆游《醉中歌》"长瓶巨榼罗杯盂"、苏轼《蜜酒歌》"三日开瓮香满城，快泻银瓶不须拨"以及杨万里《惠泉酒熟》"抱瓮输竹渠，挈瓶注银杯"。说明此式梅瓶可代替酒注用来斟酒。（参见：天津博物馆宋代《月下把杯图》，四川德阳孝泉镇清真寺窖藏出土素面银长瓶、彭州金银器窖藏素面长银瓶）

宋代团式鸟银梅瓶
高20.5厘米，重324克

　　此梅瓶银质，器形平口、短直颈、丰肩，肩以下渐收敛，圈足。口沿錾刻锯齿圈点纹，瓶身錾刻团状鸟纹，上下相对，展翅飞翔。保存品相上佳，与同时期的瓷器梅瓶纹样有异曲同工之效。该器物整体造型挺拔俊秀，风格古拙淳厚，体现了宋人清新淡雅的审美观。两宋时期饮酒风行，茶楼酒肆器皿用量极大，且酒具尚银器，宋人杨万里即有诗云"胆样银瓶玉样梅"，这件银梅瓶可谓是宋诗中"银瓶"的真实写照。梅瓶亦称"经瓶"，最早出现于唐代，宋代较为流行。近代许之衡在《饮流斋说瓷》一书中详细地描述了梅瓶的形制、特征及名称由来："梅瓶口细而颈短，肩极宽博，至胫稍狭，抵于足微丰，口径之小仅与梅之瘦骨相称，故名梅瓶。"（参见：四川彭州金银器窖藏出土南宋云鹤纹银长瓶）

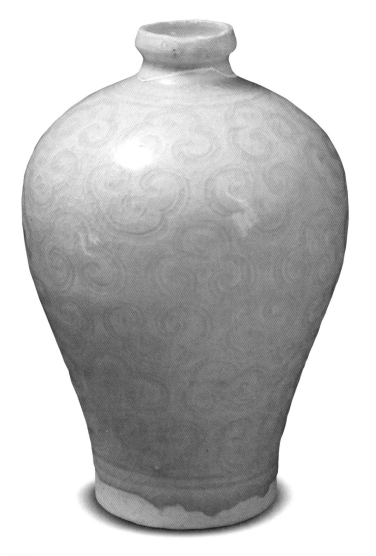

宋代湖田窑如意纹梅瓶
高18.5厘米

　　此梅瓶唇口、短颈、丰肩。瓶身上半部丰满，于下腹部内收，圈足，瓶身挺拔，线条优美。通体施青白釉，釉层清澈莹润，玻质感强，釉面莹洁丰腴，釉色温润洁净，釉下剔刻上下对应的六组如意云纹，纹饰排列缜密，剔刻精细，为湖田窑影青瓷精品。影青瓷为湖田窑烧制，湖田窑在南宋所首创的影青釉瓷代表了当时影青瓷烧造的最高水平。

宋代湖田窑卷草纹梅瓶
高19厘米

　　此梅瓶小口，短颈，丰肩，圆腹下收。外体满施影青釉，釉色白中闪青，积釉处呈湖水绿，瓶身通体刻划卷草纹，构图精炼，繁而不乱，刀法纯熟，生机盎然，韵含着浓郁的诗画瓷意，为典型宋代景德镇湖田窑影青瓷作品。影青瓷最早创烧于五代时期，北宋年间甚为流行。因其色白中闪青、温润如玉，故受到"尚玉"之风盛行的宋代社会青睐，青白瓷又名"影青""隐青""映青""印青"。

宋代仿南定白釉玉壶春瓶
高23厘米

　　瓶撇口、细长颈、圆鼓垂腹、矮圈足。通体施白釉，呈半透明状，釉质细腻、釉光莹润，器形线条丰满柔和，简洁雅致。玉壶春瓶因它独特的器形、优美的弧线深受人们的喜爱，体现出宋文化的温文尔雅和纤细婉转。流行地区十分广泛，在我国陶瓷发展史上有着重要的地位。

　　玉壶春瓶是中国瓷器造型中一种典型的器型。关于玉壶春瓶名字的来源，一般认为是由诗词中的"玉壶先春"或"玉壶买春"而得名，唐代司空图的《二十四诗品·典雅》中有"玉壶买春，赏雨茆屋；坐中佳士，左右修竹"，这里的"玉壶买春"中的"春"指的就是酒。

　　宋代酿酒业非常发达，盛酒器大量烧制。而宋制玉壶春瓶就是作为盛酒器中的一种，从其形制上分析，也适合作酒器。口部为撇口，则便于注酒且注酒时不易洒出；颈部细长，易于把持倒酒和便于酒液缓缓地倒出，不至于冲洒出去；圆腹，则便于储存，增加装酒的容量。玉壶春瓶阔底，置地较稳，细长颈便于手持。古壁画中常见有侍从托玉壶春瓶侍酒的场景，作为斟酒器使用，一手托底一手持颈向酒杯（碗）注酒，倾倒时更好把握力度。

　　但玉壶春瓶也不仅仅只是装酒的容器，在唐代长乐公主墓的壁画中就有使用玉壶春瓶插放一枝莲蓬和一茎待放的红莲，展示了玉壶春瓶的另一种用途，即插花的观赏器具，由此也将中国插花史上推至唐宋。宋代张耒有诗《复答迎郭侯犊车之句》："玉壶春酒射朝霞，只看红腰不看花。但遣舟迎桃叶女，仍须恩赐短辕车。"

宋影青瓷执壶
高25厘米

　　执壶带盖，盖呈筒状，带宝珠钮，盖身起弦纹线，壶直口，丰肩鼓腹，肩腹以双竖线隔成瓜棱形，肩部一侧置曲流，对称一侧置曲柄。下承圈足，胎体坚致，通体施青白釉，釉面明澈，釉色青白淡雅，质感似玉，配有原盖者更不多得。此类执壶，多为湖田窑高等级器具，做工精良，釉水莹亮，釉色青翠，本品特征明显，堪为影青瓷佳器。

　　青白瓷是宋代以湖田窑为中心，分布于江西、福建、安徽、湖北、广东等地的瓷窑系统，釉色介于青、白两色之间，又因产地不同而略有差异，总体来说以湖田窑品质最高。虽是因模仿玉器而诞生的湖田窑青白瓷，却因釉汁流动性强、透明度高，肥厚处有明显的水蓝色而多了一分晶莹剔透。青白釉窑系的产品大量用于外销，追求产量大成本低，质佳者并不常见，又以碗盘盒等生活用具为大宗，立件较少。本品为执壶，古称"注子"，最早出现于中唐时期。唐代李匡文《资暇集》云："元和初，酌酒犹用樽勺，所以丞相高公有斟酌之誉，虽数十人，一樽一勺挹酒而散，了无遗滴。居无何，稍用注子，其形若罂，而盖、嘴、柄皆具。"后宋、明之人仍引此说。

北宋湖田窑梨形壶
高12.5厘米，总宽13厘米

　　执壶作梨形，带宝珠钮盖，口下连腹，无颈、圆足。通体施青白釉，釉色白中泛黄，釉质光亮如晶，透明度好，腹上部连一曲柄，另一侧为细长微曲壶流，整体协调统一，造型巧妙。整器色泽淡雅，青白如玉，形制优美，乃点茶品茗必备佳器。

宋代龙泉窑粉青釉壶
高8厘米

壶作仿生南瓜形，口部下凹，丰肩，瓜棱形圆腹，肩腹部起耳形小錾，与之对称的另一侧出弯流，腹身下承圈足。盖作瓜蒂状，整体仿生效果逼真，设计精巧，匠心独运。通体施粉青釉，淡雅幽静，釉面无纹片，釉质肥厚，宝光内蕴，整体造型协调统一，瓜形的体态饱满而富有张力，幽静的釉面更增加了器物的沉稳清雅气息，无论从造型还是施釉方面均可称龙泉窑中之精品。（参见：浙江龙泉青瓷博物馆南宋龙泉窑青釉刻画花瓜棱形执壶）

宋代湖田窑六孔盏托一套
总高8.5厘米，盏口径10.5厘米，托直径14.5厘米

此套盏托分为茶盏和底托。盏花口外撇，弧壁深腹，内外壁光滑无纹，下承高圈足，足底外撇。托花口折沿，托盘中心隆起，设覆杯状高台，和盏底圈足丝丝入扣，下承宽阔的六瓣花形高足，每瓣均镂空一花形孔。盏托通施青白釉，釉质滋润，清亮悦目，为不可多得之佳品。此盏托器形仿唐宋金银器，器物胎薄体轻，釉色介于青白之间，转角折弯等聚釉的地方呈湖水绿色，釉薄的地方则显白，处处彰显出高贵典雅的气韵。盏托是湖田窑典型器物。上盏下托，盛茶时不会烫手，制作精良考究，与执壶作为配套的茶具使用。

宋代包金螺杯
长17厘米

　　洗切取天然海螺的一半制成，呈长水滴形，浅腹，圜底，口沿包金扣。此种在蚌螺体上包金制作的器物，早在十六国时期即有先例，如青海省博物馆藏金扣蚌壳羽觞。宋陶穀撰《清异录》有"以螺为杯，亦无甚奇，惟薮穴极弯曲则可以藏酒"。唐代用螺杯作觥盏，宋元用作劝杯。海螺包金工艺的酒杯在宋代极为罕见，使用级别甚高。

宋代水晶荷叶酒船
长13.5厘米，宽7厘米

　　酒船为天然水晶琢磨而成，作莲瓣状舟形。器形设计取意于风荷，器物光素，仿金银器造型，无外加纹饰，素雅简洁，符合宋人审美。（参见：南京北宋长干寺真身塔地宫出土蕉叶纹水晶杯）

宋代银荷叶酒船
长12厘米，宽5.6厘米

　　酒船为银质打制而成，作莲瓣状，通体光素，造型简洁。古代文人雅士将这种船形酒具称"酒船"。宋代诗人王令专作《酒船》诗。元王士点、商企翁编《秘书监志》卷三"公用银器"条"镀金船台盏一付"中指的便是酒船。（参见：湖南澧县醴南乡出土银船盘盏一副）

宋代素银盏托一套
总高4.5厘米，总重50克

盏托为银质，盏小撇口，腹部微鼓，腰部渐收至底，托敞口、弧腹，下承圈足。器物整体光素无纹。（参见：福建博物院南宋银盏托）

宋代唐明皇游月宫银盘

直径17.5厘米

　　此盘银质，圆形，折沿，盘内主体纹饰为立体浮雕的云纹和人物，左上方云端玉兔捣药图，代表此景为广寒宫。云端有三人站立，中间一位是唐明皇（玄宗），右侧楼阁上站立着六人，或持扇，或捧器物瓜果。这样的浮雕凸纹技法使得人物越加鲜活生动，在宋代的金银器中少有如此精致者。

宋代连珠如意纹银盏托一套

杯直径8.5厘米，盘直径15.4厘米

　　盏托为银质，由盏与托盘组成，盏小唇口，弧腹，平底；托盘打作宽折沿，浅腹，平底，盘沿一周锥刻联珠纹，组合呈如意云纹。

南宋银盘盏一套
盘直径15厘米，杯直径7.6厘米

　　盏、盘皆为银质，圆形，采用锤揲、焊接等工艺制成，包浆厚重。盏带扳耳，弧腹，内壁广素，因带柄，也称作"卮"，线条优美流畅，银色与形制搭配相得益彰，令人心旷神怡。盘、盏组合始见于东晋，南北朝开始流行，盛行于唐宋。

五代—宋澄泥摩羯酒船

长21.5厘米，高12厘米

　　此杯为红色澄泥质，鱼大张嘴，上颚向上翻卷，下颚为器口，牙齿锋利，神情凶悍。鱼高振双翅，鱼尾上翘，平底。整器采用刻划和堆塑的装饰手法，器外壁饰有鱼鳞和鱼鳃等。器形特别，造型罕见，工艺精致。摩羯鱼是佛教中的一种神鱼，最早从印度传入，是印度神话里的水神。（参见：杭州市文物考古研究所藏五代越窑青瓷摩羯鱼杯）

宋代铭文双凤纹花口银盘
直径13.9厘米，重74克

　　盘为银质，采用锤揲、锥刻和錾刻工艺制成八瓣花口形，折沿，盘沿处锥刻细密的缠枝卷草纹，内底錾刻一雄一雌两只鸟，回旋穿梭于花丛中，线条流利。《东京梦华录》记载："凡酒店中不问何人，止两人对坐饮酒，亦须用注碗一副，盘盏两副，果菜碟各五片，水菜碗三五只，即银近百两矣。虽一人独饮，碗遂亦用银盂之类。"（参见：江西庐山陆家山窖藏银鎏金莲塘仙鹤果菜碟）

宋代双凤牡丹银托配琉璃杯盏托一套

盏直径8.2厘米，高4.3厘米；盘直径13.9厘米，重71克

　　盏为深绿色琉璃质，稍泛黄色，透明。圆形敞口，圆唇，腹壁斜收，下承圈足。盏托为银质，采用锤揲、錾刻、模压等工艺制成，圆盘形，宽折沿，浅腹，平底，盘心有圆形凸圈，用以承盏，盘底锤揲錾刻一圈突起的凤穿牡丹纹，设计精巧，纹饰生动，富丽堂皇。（参见：陕西法门寺地宫出土唐代琉璃盏托、江苏省溧阳市博物馆藏宋代银盏托、湖南博物院藏宋代菱花形凤穿牡丹银盏托）

宋代瓜形水晶耳杯
直径9.2厘米，高2.5厘米

　　杯用整块优质莹洁的天然水晶制成，椭圆形杯，侈口，浅腹，通体光素，作半个瓜棱形，口沿一侧设镂空藤蔓形扳耳。光亮澄澈，具有玻璃般的透明度，除了腹部仿生碾琢出瓜棱的线条之外，基本不做过多的细部装饰，恰如其分地呈现了符合宋代注重形神勾勒的简朴玉雕风格。南方地区考古发现的宋代水晶制品甚为罕见，体现了宋代玉石制作工艺的高超水平。

　　水晶文化历史悠久，古人曾赋予它一串极富美感的雅称：水玉、水精、水碧等。"其莹如水，其坚如玉"，水晶得名水玉，得益于其清澈玲珑，兼有玉石相亲之雅。两宋时期的水晶制品的大量使用是作为玉器的补充，即使硬度较高，工艺精湛的玉匠也力求造型美观、纹饰吉祥，虽技法简单粗犷但仍较好地将水晶的透亮质地表现出来。南宋百工竞巧，手工业兴盛。这是特定的历史条件所产生的，随着北方人口的大批南下，先进的生产技术传入，手工业迎来了南北技艺相互碰撞、融合创新的崭新局面，故当时的水晶器物，也达到了一个非常高的审美巅峰，至今仍难以超越。（参见：南京市博物馆藏北宋蕉叶纹水晶杯、宜兴市博物馆水晶花口杯）

宋代绿端桃形盏托一套

盘长16.5厘米，宽11.8厘米；杯长11.5厘米

　　盏托为广东肇庆端溪的绿端石质，石色青绿，微带土黄。盏作桃形，有镂空茎蔓并延伸出桃叶贴于外壁，托盘呈椭方形，平底，口沿外翻平直，刻一周卷草纹，内底刻一棵枝繁叶茂的桃树，并浮雕出三颗桃子，用以承桃杯。俯视可见杯托浑然一体，如同一棵桃树上长出的大小果实，设计精妙。此种盏托为宋人在酒桌上劝人喝酒用的劝杯，南宋时期《碎金》中有"劝杯、劝盏"的记载。《武林旧事》卷七记载，淳熙三年（1176）的十月二十二日，皇帝赵昚会庆圣节，当时已经是太上皇的宋高宗赵构就用白玉桃杯赐上御酒，说明此式桃杯是祝寿专用。此桃杯古色古香、精工细刻，体现了宋人唯美的追求。

宋代铜茶碾
宽5.7厘米，长25.5厘米

  该碾以铜铸造而成，两端上翘，呈船形，底部带足。茶碾出现于唐代，宋代时茶碾基本延续了其在唐代时的功用，其材质多样，通常为石质、木质、瓷质及金属质。茶叶要放入茶碾，轻重适度碾成碎末。宋代茶碾形制改为两头翘的船形，更加有利双手的碾压，从而使茶粉更匀细。

宋代铜花口盏托一对
直径14厘米，高4.5厘米

　　茶盏托为铜质分体铸造，并焊接制成。分成三个部分，托盘呈六出花口，口沿微微上翘，上端是鼓腹圆钵状托台，下承喇叭形外撇高圈足，设计精巧，通体光素，体现宋人的简朴之美。宋人《唐语林》和《演繁露》中记载茶盏托产生于唐代建中年间，而考古发掘表明，目前已知最早的茶盏托是杭州老和山工地发掘出土东晋兴宁二年（364）的德清窑盏托。（参见：湖北黄石陈伯臻粮库基地窖藏出银盏托）

宋代银镂空发丝茶笼
直径6.5厘米，高4厘米，重61克

　　茶笼是用来盛放茶饼的器具，一般挂在凉爽通风处，以保持干燥。当茶饼潮湿时，茶笼也可用于焙炙。此件茶笼是将银熔炼之后抽拉成丝，然后编织成镂空圆形盖盒状。宋代匠人将贵重金属作茶器，说明了茶事之于宋人重视的程度。陆羽《茶经》里写到，盛放茶叶的器具分三种，方形的叫箱，圆形的为筥，圆形且有盖的叫笼。笼在民间多用竹制，茶农采茶时背在肩上。皇家贵戚茶笼多用金银，使用时在笼底垫以木片，保证贮备的茶叶团饼干燥且茶色不减。此件银茶笼可直观反映宋代茶事兴盛的社会现状。

（参见：陕西历史博物馆提梁银茶笼、福建省邵武市水北镇故县村宋代黄涣墓出土银茶笼）

宋代金叶形茶勺
长14厘米，重9克

勺为黄金打制而成，勺头作镂空树叶状，勺柄呈弓形，尾部菱形尖状。此式为宋代用于取茶粉的细颈勺，精致少见。

宋代瓯窑柳斗钵

口径8.8厘米，高4.7厘米

　　此钵为瓷质，通体施灰白色薄釉，口沿微内敛，外壁宽边唇，腹部以下模印柳条纹，错落有致，故称"柳斗钵"。柳斗纹也称"柳编纹""藤编纹"，是宋代瓷器上常见的仿照柳条麻线编织的纹饰，在当时的南北方各个窑口中都有发现，如河北定窑，陕西耀州窑，江西赣州窑、湖田窑等均采用有柳斗的纹饰。

宋代赣州窑柳斗钵

口径9厘米，高8厘米

　　此钵外翻唇口，短束颈，鼓腹下收，小平底。器里施酱色釉，器表露胎，胎呈深褐色。颈部贴饰一圈黄釉乳钉，排列整齐匀称，颇有趣味。柳斗钵即为一种仿学柳条编织的钵类，也是北宋赣州窑的代表性瓷器之一。

宋代铭文银荷叶盖罐
高7厘米，重78克

　　盖罐银质，盖呈荷叶形，钮作荷叶茎蔓状，罐身丰肩鼓腹，腰部逐渐下收至底。罐底錾刻铭文"李二郎"。这一类银盖罐常与粉盒、胭脂碟一同出土，为盛放头油之属，南宋刻本《碎金·家生篇》"妆奁"一项列举的物品中就有这种油缸。宋代王诜《绣枕晓镜图》、苏汉臣《靓妆仕女图》表明其用途。宋元时期流行这类银盖罐，通常用来存放头油，因此盖内常常下连一个小勺。

（参见：浙江湖州三天门南宋墓出土银荷叶形盖罐）

宋代洪塘窑鱼钮盖罐

口径14.5厘米，高19厘米

　　罐为瓷质，带盖，通体施酱色釉，盖圆形，顶部设置鱼形扁钮，盖身有瓜棱线，折沿向外。罐短直颈，腹部微鼓，刻划有瓜棱线。釉水光亮，保存完好。

宋代建窑系小盖罐
口径8.6厘米，高10厘米

　　罐为瓷质，带盖，通体施黑釉，有铁锈色窑变。盖圆形，顶部设置圆柱钮，折沿向外。罐身微鼓。釉水黑亮，宋人多以此类器物盛茶。

宋代建窑系小茶钵

口径10.5厘米，高7厘米

钵为黑胎瓷质，带扁圆钮盖，盖顶中间部位施褐色釉，其余部位均露胎不施釉，钵堂内环绕底心被划成网格状，便于研茶。宋人饮茶斗茶之风盛行，与之相应发展起来的研茶器物也丰富多样，大致可分为三类：茶臼、茶碾及茶磨。茶臼中即有一类把成品茶研成末的工具，称作茶研钵。

宋代吉州窑剪纸梅花盏
口径11.5厘米，高5.5厘米

此盏斗笠式，浅腹，口微敛，底承矮浅的假圈足。底足不留釉。外壁以黑釉为饰，内壁以剪纸贴花手法饰梅花纹，花呈黑色，中间露出花蕊，其余为黄褐交融的乳浊釉色，其工艺流程为先在碗壁施一层含铁量高的底釉，再薄施一层含铁量低的石灰钙型竹灰釉，然后剔掉剪纸，之后入窑一次烧成，含铁量高的花纹部分呈现出黑色，釉和花相互搭配，清秀协调，为吉州窑最具代表性的剪纸贴花装饰工艺。两宋时期受斗茶之风影响，茶盏在南北窑口均大量烧制，所出无以数计，各具特色，其中吉州窑器物别具一格，令人称道。吉州窑因瓷器烧制于古代吉州（今江西吉安）而得名，始烧于唐，极盛于南宋，至元末仍有烧造，有1200余年的烧造历史。《景德镇陶录》盛赞："江西窑器，唐在洪州，宋出吉州。"吉州窑的装饰风格蕴含浓厚的地方风格与汉民族艺术特色，以别具一格的剪纸贴花工艺最为出名。本品釉和花相互搭配，清秀协调，融会禅儒、法效百工、迎合世俗，造型与装饰内容包罗万象，是宋元社会生活史的重要研究标本。

宋代吉州窑蓝变兔毫盏

口径10.7厘米，高6厘米

　　盏敞口，弧腹，小圈足，盏内深褐色地加蓝色兔毫窑变釉，丝丝绵长，边廓清晰，条达有力，毫色发出幽幽蓝光，沁人心脾，碗形挺拔，线条流畅，宋人尽皆追之。吉州窑为宋代著名窑口，其装饰手法丰富独特，可根据瓷器不同的造型，采用不同的釉面和色彩相互搭配，使整件器物外观和谐，达到完美的装饰效果。

宋代吉州窑变满天星兔毫盏
口径12厘米，高5.5厘米

满天星是吉州窑产品里非常著名且稀有的纹饰，此盏敞口，浅弧腹，通体施褐釉，表面有浅蓝白色条纹状斑，星星点点，宛若夏日夜空中的繁星，朴雅沉着。造型简约古朴，可称佳品。吉州窑把唐代窑变釉之花蕾精心浇灌培育，至宋代绚丽开放，将花釉瓷发展推向顶峰，开创了中国陶瓷窑变釉彩装饰的新篇章。

宋代吉州窑蓝变兔毫盏
口径11.8厘米，高5.5厘米

　　盏敞口，浅腹，盏形较矮。釉面为酱、黄、蓝等色交织混合的蓝色兔毫窑变釉。蓝釉窑变，美如云霞，灿若银河，多姿多彩，变幻无穷。吉州窑的窑变釉，或似行云流水，动感非凡；或如高山云霞，浓重艳丽，令人耳目一新，为之一震。无论从造型或釉色，均可称为吉州窑蓝釉窑变的一件代表作品。

宋代吉州窑兔毫盏
口径11.7厘米，高4.1厘米

　　此碗敞口、弧腹，底足无釉，内外皆施兔毫窑变釉，为吉州窑流行之品种，因盏内在黄色釉层中排列出均匀细密的经脉，形状像兔毫而得名。兔毫细长拥挤，釉面流动成条条针状，纹理流畅均匀，釉水肥厚，光泽致密，为吉州窑上乘之品。宋徽宗曾云："盏色以青黑为贵，兔毫为上。"宋人视饮茶为雅事，造茶具依"道自然"品格，故造型古朴，赏心悦目。

宋代吉州窑双凤盏
口径12.5厘米，高6.5厘米

　　碗敞口，斜腹渐收至圈足，矮圈足。外壁施仿玳瑁釉至近足处不及底。盏内壁饰等距两只剪纸贴凤，似在互相追逐，生机盎然。此盏运用民间剪纸的手法，把凤的形象生动传神地展现在这件瓷器上，新颖别致，极具图案装饰效果。剪纸贴花需要使用两种不同颜色釉料才能形成，而釉玳瑁釉为窑变釉，其原理是在胎体上使用两种氧化铁含量不同的釉，燃烧时产生交融及流淌的效应，如同玳瑁纹理。而此碗能同时达到双重装饰效果则颇为不易，可见古代窑工的无穷智慧。

宋代越窑小盏
口径10.3厘米，高4厘米

  盏为青瓷质，越窑烧制。敞口，微弧腹，底有直圈
足。宋代茶碗多称为盏，指小杯的意思。茶盏的发展历
史悠久。瓷盏在东晋时已有制作，而随着饮茶之风逐渐
流行起来，唐及五代时期的茶盏日负盛名，也开始出现
有盏托的茶器搭配。到了宋代，斗茶之风大盛，宋人崇
尚茶具的精美，茶盏的制作手艺也更进一步。青瓷盏也
是宋人非常喜爱的茶器品种。"越窑"这一名称最早见
于唐人陆龟蒙的《秘色越器》诗，诗中有"九秋风露越
窑开，夺得千峰翠色来"句。今人所谓越窑，系对浙江
东北部宁绍一带北宋以前瓷窑的统称。

宋代吉州窑黑釉不倒翁盏
口径11.5厘米，高5.5厘米

　　盏口微敛，深腹，浅圈足露胎，通体施黑釉，釉面光润，发色均匀。吉州窑以各色装饰见长，如黑釉剔花、剪纸贴花、木叶纹、黑釉彩绘等，而如本品这样纯黑光亮者殊不多见。北宋蔡襄在其《茶录》一书中说道："茶色白，宜黑盏。"纯黑的吉州窑盏当与建盏一样，为斗茶时所用之茶道具。因其所表现出来日本美学侘寂的意境，此纯黑釉盏也可能为禅寺僧人订制的特殊专用品种。

　　在中国的陶瓷文化中，吉州窑可谓为一个非常特殊的窑口。众多吉州窑作品中充满了禅的美学特征，实则也并非偶然；吉州窑产生的主要原因便注定了吉州窑器物中禅意特征。吉州窑产生在赣南地区，在唐宋时期，赣南是中国禅宗寺院密集、大师辈出的地区。在此种特殊环境中，吉州窑的产生与发展直接受到了禅宗的影响甚至是约束。大禅师们按照禅宗哲学与美学的要求，指导和规定为寺院生产法事所用及僧侣们日用的陶瓷器物。

宋代湖田窑盏托一套
高7.5厘米

　　盏托分为盖、盏和托三部分，盖折沿，顶部为藤蔓状钮，别具意趣。盏直口，弧壁深腹，底承圈足，太直洁白，通体施青白釉，釉质温润酣美，积釉处显湖绿色泽，清亮悦目。盏托带盖者鲜见。

宋代白光钟形镜
高17厘米，宽11.5厘米

　　铜镜为白光高锡青铜铸造而成，形成一口大钟形，镜背纹饰为四组方带几何纹，下撮成三弧形，顶部有穿孔，可挂用。此镜形制别样，做工精良，融合古人奇特想象，开人眼界。（参见：陕西宁强高家河宋墓出土钟形铜镜）

宋代菩提树纹铜镜
直径11厘米

  镜为高锡青铜质地，镜面圆形，圆纽。主纹饰为佛教菩提树，题材罕见，树冠茂盛，占据了半个镜背，树叶树枝的变化层次丰富，树下有栏杆纹。此类铜镜多在北宋时期北方流行。

宋代双摩羯方形镜
长10.7厘米

镜方形，宽缘，圆钮，镜背纹饰为两只摩羯鱼，通向绕钮排列，口尾相接，摇头摆尾穿梭在海浪中，姿态生动。此种铜镜多流行于宋金时期。

宋代钟纹菱花镜
直径14.8厘米

　　此镜六瓣菱花形，镜背中心设圆钮，无钮座，纹饰为环绕钮上下左右浅浮雕的四口大钟，样式各不相同。宋代铜镜制作注重形式，创造出了一些造型奇特的镜种，其中钟形镜即是其中一类，但以钟作纹饰铸于铜镜者十分罕见，体现宋人对礼器、乐器以及青铜古编钟的喜爱，造型纹饰精美，且是目前仅见的一枚宋代编钟纹铜镜，文物研究价值极高。

宋金双鱼官字菱花镜
直径11.1厘米

　　此镜六瓣菱花形，镜背中心设圆钮，镜背纹饰为两条身躯硕大、首尾相接的鲤鱼畅游在浪花中，水流湍急，波浪飞溅。鲤鱼造型饱满生动，鳞片分明，细部刻画栩栩如生，整体纹饰呈回旋流转的动态画面。浪花中可见一宝葫芦，内铸"官"字。宋金时期战争频繁、财政紧张，铜材短缺，故实行"禁铜"制度，特别是对铜镜的铸造更是严格，为防止民间铸镜及限制铜镜的越境流通，政府规定铜镜必须经过管理机构的检查和登记，在铜镜边缘或镜身上铸刻县地官匠验记文字或押记，方可允许在一定区域内流通使用。

宋代带铭文花卉纹镜
直径9.2厘米

　　镜圆形，窄边廓，中间为鼻钮，镜背纹饰为五朵饱满绽放的缠枝莲花，姿态生动。镜背下部铸造有铭文，字迹模糊。宋代花卉镜的兴盛在很大程度上与当时的社会文化背景、艺术氛围紧密相关。晚唐至宋代花鸟画渐盛，工笔花鸟画以写实为主，端庄典雅对当时的工艺美术审美情趣及社会风尚产生了极大的影响。写实且融合绘画意境的花卉装饰纹样极大地丰富和美化了铜镜。宋代花卉镜多采用细线浅浮雕工艺，许多花卉图纹纤巧精致体现了宋代的制镜工艺水平。此类铜镜多为北宋时期"东京"（今河南开封）地区铸造。

宋代双龙菱花镜

直径15厘米

　　此镜八瓣菱花形，镜背中心设圆钮，镜背纹饰分内外两区，内区地纹为海水，主体纹饰为两条张牙舞爪的龙，头上尾下，双头对峙，刻画生动，富有张力，下为一只三足宝鼎，向外喷吐交汇之气，烟雾缭绕，颇具仙境。外区一圈八朵祥云纹，整体构图对称。

宋代铜菱形瓶

高19.5厘米

　　此为铜质铸造，四方棱形，小唇口，直颈，微折腹，底有圈足。器身自上而下浮雕有饕餮兽面纹饰和海浪纹饰。此瓶形仿同时期瓷器中的四方瓜棱瓶。（参见：四川遂宁窖藏出土的四方瓜棱铜瓶）

宋代铜钹
直径10.3厘米

　　钹用响铜制成，呈圆片形，中央半球形部分称碗或帽，碗根至钹边部分叫堂。碗顶钻孔，穿系皮绳、绸或布条，以便双手持握，两面为一副，相击后振动发音，声音洪亮、浑厚。钹，古称铜钹、铜盘，民间称镲。除汉族外，钹在众多少数民族中也流行。

宋代六祖砍竹刀
长39厘米

　　此刀身铁质，长方条形，配木制圆柄。日本东京国立博物馆藏南宋梁楷《六祖斫竹图》立轴，图中描绘六祖慧能斫竹的故事。画中的六祖在古树衬托下，一手拿刀，一手持竹竿，正砍伐枯竹。图中刀型即为本件样式。慧能，俗姓卢，世居范阳，曾为樵夫；为禅宗南宗的开创者。

宋代蜡烛铁剪
长11厘米

　　剪为铁质，刀刃呈宽半叶形，支轴下为柄部，分别向外弯曲呈半环形，整体左右对称。先秦墓葬中尚未发现剪，汉墓中则有较多出土。支轴式剪刀最早出现在五代墓葬中。北宋时期双股铁剪刀开始出现，这种形制是在剪刀的两股中部用铆钉连接双环形把，其结构逐步趋于合理。

宋代铁绣花剪刀
长9厘米

  剪刀为铁质，刀刃呈细尖状，较柄部略短，铆钉支轴，下为双股柄，分别向外弯曲呈近椭圆环形。自古以来，剪刀是闺阁绣楼的主要用物，刺绣缝纫向为妇女工作，操作时不可无剪，因而成为妇女必备之物。

宋代越窑小碟

口径13厘米

碟为青瓷质，越窑烧制。敞口，弧腹，底有圈足。

宋代越窑花口盘
口径14厘米，高3.5厘米

　　盘为青瓷质，越窑烧制。口呈菱花状，斜壁，里外施青釉，釉色莹润纯正。花口盘自唐代中晚期开始流行，其造型受同时期金银器影响，至五代时最为盛行。

宋代龙泉孔明碗
口径16.8厘米，高6.8厘米

　　碗为龙泉窑烧制，釉色米黄，有细碎开片纹。敞口、弧腹、圈足，双层中空，圈足内有孔与空腹相通。"孔明碗"最早产生于北宋，龙泉窑、耀州窑烧制的孔明碗数量最多。其用途是作为供奉器物而存在，多在寺庙、祠堂中。因孔明碗碗心较浅，稍稍放上一点食物，就像装了满满一大碗，既节省祭品，又显得祭祀隆重。碗底孔洞，则是孔明碗烧制过程中的保障工艺。如果不留孔洞，中空密闭的双层碗在高温烧制过程中，会产生膨胀变形甚至炸裂。

宋代龙泉窑莲瓣纹碗
口径17厘米，高7.8厘米

　　莲瓣碗为南宋龙泉代表器型之一。此碗敞口、弧腹、窄圈足；薄胎、厚釉，底部满釉，修足工整；圈足墙呈现火石红。外壁剔刻仰莲瓣纹，错落分明，突出处可见洁白胎骨。釉色素雅，梅子青色，釉层内气泡细密均匀，玉质感较强，为龙泉上品。

宋代湖田窑花卉纹花口盏
口径12厘米，高4.5厘米

　　盏六瓣葵花形口，圈足，宋代金银器中亦有同类造型。胎质洁白，胎体匀薄，透光见影。通体施青白釉，釉色呈微湖水蓝色，纯净莹润，甜美清新。内壁刻三组团莲花纹图案，极具生气，赏心悦目。划花与积釉处显水绿色泽，晶莹剔透，质感如玉，简素于心。

宋代耀州窑缠枝花卉纹斗笠盏
口径10.5厘米，高4.5厘米

　　耀州窑是北方青瓷的代表，窑址位于今陕西省铜川市。唐代开始烧制黑釉、白釉、青釉、茶叶末釉和白釉绿彩、褐彩、黑彩以及三彩陶器等。宋、金以青瓷为主。北宋是耀州窑的鼎盛时期，据记载且为朝廷烧造"贡瓷"。盏内纹饰缤纷，草叶纹以数处团花为基蔓延至四围，枝叶俏皮生动，使整体画面丰富却不显杂乱，釉色青翠，釉面光滑温润透亮，实为巧思之品。（参见：故宫博物院耀州窑模印团菊纹碗）

宋代耀州窑斗笠盏
口径13厘米，高5.5厘米

　　此盏斗笠形，敞口，敛腹，矮圈足，圈足修削工整，器形周正规矩。内外均施青釉，釉色丰厚莹润，亦无开片，底足圈口涩胎。该碗纯以造型和釉色取胜，隽秀可人，制作精湛，是为宋代耀州窑之精品。

宋代龙泉窑梅杯

口径8.8厘米，高4.5厘米

　　盏直口，弧腹下收，底承圈足，盏内底贴塑一小梅花。通体施青釉，釉面失透，宝光内涵，润泽如玉，于简素之中呈现变化之美。青瓷之美当推龙泉窑，它造型古朴典雅，釉色浑厚如玉。本品小盏便是唯以器形釉色取胜之佳器，造型周正，秀巧轻盈，比例协调，线条优美，细部讲究，呈现柔美清雅之气象，别具风韵，充分重现出古人的造器精神。

宋代湖田窑刻花卉纹花口盘
口径17.4厘米，高5.3厘米

碗作六瓣葵花形，敞口弧壁，圈足内敛，整器造型宛如一朵盛开的花苞，唐宋金银器亦件同类造型。底足见垫烧痕，俗称糊米底。胎质洁白，胎体匀薄，透光见影。通体施青白釉，釉色纯净莹润。外壁光素无纹，内壁划刻缠枝花卉纹，刀法利落，纹饰略显意象。此碗形体隽雅周正，形体虽大，但玲珑细巧之感令人观之忘俗，胎骨极薄，迎光可透，实乃"白如玉、明如镜、声如磬、薄如纸"之湖田窑器特点，是为南宋影青瓷之隽品。

宋代邢窑盖盒一组

大盒直径7.5厘米，小盒直径4.5厘米

　　邢窑为北方著名窑口，窑址在河北邢台，在唐代有"南青北白"之誉，南青为越窑，北白即为邢窑。在盘、碗为大宗产品的邢窑中，盖盒为少见品类。本品子母口相合，严丝合缝，是为原装。器形仿唐宋时期金银器，盒盖面微隆，上半部直壁，中间转折向下斜收，便于手持。底出浅圈足，修足精炼。釉面均匀纯净，釉色洁白亮泽光润，透明清亮，有"类银似雪"之效果，胎质坚致，整体气质娟秀，极具邢窑色泽之淳厚，超然物外，虽无雕琢，但却以一色纯白，印证了邢窑瓷器"合于天造，厌于人意"的美学境界。

宋代湖田窑瓜形盒
直径6厘米

　　盒呈瓜棱状，盖与盒身以子母口扣合，盖顶平坦，盒身与盖器形几乎一致，直口，口沿无釉，腹部收敛，圈足，上下对称。盒底露出细白胎质。盒通体施青白釉，积釉处呈水绿色更具玉质感，盒内施釉便于洗涤。盖缘起一棱线，与盒身口沿之棱线吻合。青白釉盖盒最常见有矮身的器形，此品高身的造型较为稀少，因此更加珍贵。

宋代龙泉窑葫芦瓶
高6厘米

　　此瓶葫芦形，直口短颈，两圆腹中间束腰，圈足微内敛；通体施青釉，釉面光洁，釉色清朗，此器以釉色取胜，以造型见长，做工精巧，小中见大。

南宋湖田窑盖罐

口径5.5厘米，高10.5厘米

　　此罐宝珠钮盖，溜肩垂腹，造型别致少见。通体施青白釉，胎体匀薄，釉光肥润，纯净无杂，予人以无限恬静之雅意，颇具宋人雅韵，即属其中佳作。

宋代湖田窑莲瓣纹直筒钵
口径8.7厘米，高5厘米

  钵直口，覆烧而成，口沿留一圈规整的芒口，直颈，颈下起弦纹，外壁剔刻一周莲瓣纹，立体感强。胎质坚细，胎体匀薄，通体施青白釉，釉色白中闪青，釉色淡青怡人，釉面莹润。此钵"薄如纸，白如玉，声如磬"，为湖田窑美品。钵为比丘尼所持法器之一，多金银、铜、铁等金属材质，瓷质的钵较为少见。考古数据显示，此类瓷钵多发现于高等级寺院的地宫之中。景德镇湖田窑窑址发掘报告称："湖田窑也发现了北宋中晚期的多级瓷质钵形覆烧具，过去认为这是湖田窑受定窑影响烧造芒口瓷器的装烧窑具，但我们现在根据这种瓷质窑具烧造成本过高，而且在湖田窑肯定是小范围使用，推断其装烧的芒口瓷也很有可能是贡瓷。"

宋代吉州窑奔鹿罐
口径10.5厘米，高19厘米

　　直口，束颈，折肩，腹修长微鼓，圈足。盖沿平折，顶隆拱呈笠状。颈部绘多层带状弦纹，罐身两面开窗，内绘不同姿态的奔鹿纹，外饰简笔卷草纹。奔鹿纹饰简练，有宋人风格，完整保存，更为不易。鹿与"禄"谐音，此罐借鹿纹来表达入仕求贵的愿望。（参见：江西省博物馆藏南宋嘉定二年南昌陈氏墓出土吉州窑跃鹿纹罐）

宋代吉州窑米黄釉花卉纹钵
口径21.5厘米，高7厘米

　　钵呈黄白色外卷厚唇，施带有青味的透明薄釉，施釉不及底，宽圈足，胎质较为坚实，内底印有莲花纹。白釉瓷是吉州窑生产时间最长的一种产品，从晚唐五代创烧，一直延续到元代，胎质灰白，釉色白中泛青黄，饰以印花为主，器型有碗、罐、壶、钵、盏等，以各式碗为大宗，晚唐五代流行厚唇碗。北宋以薄釉碗居多。

宋—金绿釉瓷枕
长23.5厘米，宽17厘米，高8厘米

此枕形体秀雅别致，近长方，四棱去锐化成圆角，可见细工。枕面有流动感十足的印花纹，张弛有度，表现力丰富，装饰意味强。瓷枕是一种生活日用品，它是中国古代瓷器中较为流行的一种造型。是卧室的寝具和治病号脉的工具。瓷枕最早创烧于隋代，唐代以后开始大量生产，并逐渐成为人们喜爱的床上枕具。到了两宋及金、元时期，瓷枕的发展进入了繁荣期，产地遍及南北，造型非常丰富。当时较为流行的有几何形枕、兽形枕、建筑形枕、人物形枕等等，造型精巧，制作细腻。同时在装饰技法上也有很大的发展，刻、划、剔、印、堆塑等技法被纷纷采用，极大地丰富了瓷枕的表现力和艺术性。

宋代黑釉油灯
口径10.8厘米

　　此油灯红陶质，圆形碗状，碗内罩施黑釉，内壁一侧置管状流嘴，用于插放灯捻。造型质朴，实用性强，为民间日常生活用具，对研究宋代灯具的发展具有深远的意义。

宋代青白瓷油灯

口径7.5厘米

　　油灯为瓷质，通体施青白釉，浅腹碗形，碗心向一侧口沿处升起半圆槽状流嘴，对侧口沿设置贴塑花叶形小执柄。造型设计精巧，釉水青白洁净，保存完好，南宋时期江西、福建地区烧制此类灯盏，属宋代油灯中的特殊种类。

宋代木雕摩睺罗
高34厘米

　　摩睺罗,亦称"磨喝乐""魔合罗"等,是一种精制的泥娃娃或者木质娃娃,它取材于佛教,是佛教"天龙八部众"之一。宋代摩睺罗造型各异,是七夕时的吉祥物,民间、宫廷的玩偶,地方给朝廷的进贡品。正因为如此,其需求量大,市场异常活跃,就连大诗人陆游也不能免俗,他在《老学庵笔记》里还回忆起自家曾旧藏一对卧姿的泥孩儿,战乱时不慎丢失的憾事。摩睺罗其物虽小,但其中包含的大量社会生活信息,涉及宗教信仰、冠服发式、儿童游戏、古代玩具等,是研究和观察宋元时期社会文化生活的重要材料。《东京梦华录》记载:"七月七夕,潘楼街东宋门外瓦子、州西梁门外瓦子、北门外、南朱雀门外街及马行街内,皆卖磨喝乐,乃小塑土偶耳。悉以雕木彩装栏座,或用红纱碧笼,或饰以金珠牙翠,有一对直数千者。"周密《武林旧事·乞巧》中谓:"七夕前,修内司例进摩睺罗十卓,每卓三十枚,大者至高三尺,或用象牙镂雕,或用龙涎佛手香制造……"市场上所卖大多木制摩睺罗,镶嵌象牙、珠翠等名贵物品。这种摩睺罗价格贵重,最高的一对价值数千文,《司马文正传家集》中写道:"土偶长尺余,买之珠一囊。"这个木雕摩睺罗,是目前所见宋代所存个头最大者,表情生动艺术性极高,堪称珍品。

宋代陶摩睺罗
高5.8厘米

　　红陶制成，采用模印工艺做出人形摩睺罗，头顶部和下半身残损。摩睺罗传自西域佛教，隋唐时沿丝绸之路进入中原，与中原文化相融合，到达长安、洛阳、开封等特大型国际大都市，摩睺罗在北宋最为盛行，洛阳作为当时的文化中心，是摩睺罗流行风潮的发源地。南宋之后，随着中原人不断南迁，摩睺罗风俗逐渐传入南方杭州等地。从现存的摩睺罗反映的内容看，有人物、佛祖、动物、花卉、民间传说等，十分丰富独特，反映出了唐宋时期国际大都市的繁华与昌盛的缩影，为我们研究唐宋时期的社会构成、运行方式、风俗习惯等留下了一笔生动的原始记录。

宋代陶童子

长8.3厘米

　　童子用红陶模印制成，形为一童子趴卧在案几上，双手掩面，额头饱满圆润，身穿宽袖束袍服，下身穿长裤，裤腿宽松，衣服的褶皱线条流畅，立体感强。此类陶制品也属摩睺罗范畴，除了佛教形象，也有普通的人物造型。

宋代陶狮

高6.3厘米，长7厘米

　　此件以红陶制成，立体圆雕狮形，四足站立，足下有山石形踏板，雄狮挺背抬头，双目仰望，神情威严。此陶狮造型有意仿照河北沧州著名的铁狮子造型。汉晋之际，随着佛教的传入和盛行，狮子形象也进入中土，其艺术形象也逐渐得到了广泛流传。宋人制作昂扬威猛的狮形器物，发挥其驱崇辟邪的镇物兽作用。

宋代陶镇水兽

长10.2厘米

    此间采用红陶制成，为伏卧状立体瑞兽。北宋《东京梦华录》记载州桥胜景"近桥两岸，皆石壁，雕镂海马、水兽、飞云之状"，2022年河南开封北宋州桥遗址出土的巨幅石雕祥瑞壁画中即有类似形兽。

宋代小石雕一组三件
葫芦形高4厘米；狮子形高4厘米；涡纹穹顶形直径4厘米

三件石雕，依次分别为：深褐色带纵向黄色条纹葫芦、黑色石雕坐卧狮子形摆件、黑石雕涡纹穹顶形摆件。玩具作为一种普通的商品普遍出现于市场是在宋代，材质多样，题材丰富，其中就包括石质。孟元老《东京梦华录》、吴自牧《梦粱录》、周密《武林旧事》、耐得翁《都城纪胜》与署名"西湖老人"的《西湖老人繁胜录》，可以发现宋代城市已经出现了成熟的玩具市场，销售的玩具可谓琳琅满目。

宋代石鱼

长28厘米，高11厘米

　　鱼用灰青色石质雕琢而成，并加以线刻装饰鱼的嘴、眼、鳃、鳞、鳍和尾部纹饰，形若游鱼，雕工稚拙，古意盎然。

宋代陶花盆

口径16厘米，高10.5厘米

盆灰陶质，唇口，外翻口沿，斜直壁，平底，有三足。外壁颈部和腰部刻回纹，腹部主体纹饰为莲花荷叶纹。

后　记

　　2021年，杭州市江干区与上城区合并成立全新的上城区。上城的河坊街地处当年南宋皇城根畔，历史悠久积淀深厚，是杭州城市文化的核心区块。上城区确立了要把河坊街打造成"全域宋韵的展示窗口，全方位展示宋韵的文化价值，大力扶持文化名人、经典老字号，生动再现典籍中的上城、文物中的上城、遗迹中的上城。通过深入挖掘区域历史文化资源，整合人文景观和文旅体验展示空间，联动相关文化企业和研究机构，多角度、多业态、多渠道向四海游客讲述千年文化，打造非遗老字号汇聚的杭州工匠街，民俗文化街"。杭州江南锡器博物馆所展示的民俗锡器文化，与河坊街所要打造的宋韵民俗文化十分契合。而锡器，也正是在宋代开始进入千家万户，成为民间不可或缺的日常生活用器。

　　感谢上城区委区政府和上城区国投集团对非国有博物馆建设的重视和大力扶持，使江南锡器博物馆能落户河坊街打铜巷。浙江省和杭州市正在力推宋韵文化，江南锡器博物馆积极响应。经过半年紧张有序的筹备，我们隆重推出这个起名为"武林旧事"的宋韵文化特展，作为江南锡器博物馆开馆首展。展出的200多件宋代器物，是我们走遍大江南北，从全国各地资深藏家的合法收藏中，精挑细选而来。要衷心感谢全国各地为这次特展提供展品支持的各位资深藏家、专家朋友们，正是有了你们的热心参与和大力支持，展览才能成功举办。感谢龚剑、李磊，你们为本书立下汗马功劳。感谢浙江省文物考古研究所李永加老师友情支持本书的摄影，感谢西湖博物馆总馆潘沧桑馆长、南宋官窑馆区孙为宁主任为本次展览顺利举办所提供的真诚支持。江南锡器博物馆在筹办新馆特展的过程中，更得到了浙江省文物局、杭州市园林文物局的大力支持。感谢著名作家黄亚洲先生百忙之中抽时间为本书写序。由于时间紧迫、学识所限，本书中难免存在错漏和谬误之处，敬请专家谅解并指正。

杭州江南锡器博物馆馆长　陈建明

图书在版编目（CIP）数据

武林旧事：江南锡器博物馆宋韵文化特展图录 / 陈
建明主编． -- 杭州：浙江古籍出版社，2022.12
　　ISBN 978-7-5540-2478-2

　　Ⅰ．①武… Ⅱ．①陈… Ⅲ．①博物馆－历史文物－杭
州－宋代－图录 Ⅳ．① K872.551.2

　　中国版本图书馆 CIP 数据核字（2022）第 240596 号

武林旧事　江南锡器博物馆宋韵文化特展图录

陈建明　主编

出版发行　浙江古籍出版社
　　　　　　（杭州体育场路347 号 电话：0571-85068292）
网　　址　https://zjgj.zjcbcm.com
责任编辑　姚　露
责任校对　张顺洁
责任印务　楼浩凯
设计制作　浙江真凯文化艺术有限公司
印　　刷　浙江海虹彩色印务有限公司
开　　本　889mm×1194mm　1/16
印　　张　16.75
字　　数　200千字
版　　次　2022 年 12 月第 1 版
印　　次　2022 年 12 月第 1 次印刷
书　　号　ISBN 978-7-5540-2478-2
定　　价　298.00 元